名师名校名校长

凝聚名师共识
回应名师关怀
打造名师品牌
培育名师群体

程明遥志

"福·融"劳动教育的理论与实践

洪柳◎著

中国文联出版社

图书在版编目（CIP）数据

"福·融"劳动教育的理论与实践 / 洪柳著.

北京：中国文联出版社, 2025. 1. -- ISBN 978-7-5190-
5813-5

Ⅰ. G633.932

中国国家版本馆CIP数据核字第20252BH335号

著　　者　洪　柳
责任编辑　刘　旭
责任校对　秀点校对
装帧设计　刘贝贝　李　娜

出版发行　中国文联出版社有限公司
社　　址　北京市朝阳区农展馆南里10号　　邮编　100125
电　　话　010-85923025（发行部）　010-85923091（总编室）
经　　销　全国新华书店等
印　　刷　三河市龙大印装有限公司

开　　本　710毫米×1000毫米　　1/16
印　　张　12.75
字　　数　205千字
版　　次　2025年1月第1版第1次印刷
定　　价　58.00元

序 言

开发"福·融"劳动教育课程，推动劳动教育特色化开展

培养热爱劳动、勤于劳动、善于劳动的高素质学生，是广东省深圳市福田区新时代劳动教育的新使命。

学校开展的劳动教育，必须与学生的智力发展紧密相连，使劳动成为学生认识事物、探索世界的重要途径。为此，福田区开发了"福·融"劳动教育课程——以劳动项目为基础，把学科内容融合到劳动课程中，构建文化融合、科创融合、实践融合的支持学生终身发展的幼、小、初、高一体化劳动课程。

一、创建教案设计模板，辅助教师备课教学

设定劳动学科核心素养四个维度的目标，设计大单元整体教学思路，给出教学过程和评价方式。基于《义务教育劳动课程标准（2022年版）》和深圳市《劳动实践指导手册》，福田区创建了"福·融"劳动教育课程教案设计参考模板。该模板罗列了劳动教育的三大内容和十个任务群的选项，不仅为教师们备课、教学提供了有力的抓手，同时也推动教师充分了解课程标准并严格按课标进行教学设计，从而促进劳动教学科学、高效开展。

二、树立学校劳动周样板，提升各校劳动教育水平

荔园外国语小学的"小厨房大思考"劳动周展示了劳动教育的序列化；

1

福新小学的"劳动技能大比拼"劳动周展示了劳动教育的多样化；彩田学校的"端午飘香"劳动周展示了劳动教育的综合化……通过在全区树立学校劳动周样板，福田区实现了对各校劳动教育的引领。

三、开发劳动校本课程，打造"一校一特色，一特色一课程"

每所学校的校情、学情均不一样，因此，因地制宜、因生制宜就显得尤为重要。福田区鼓励各校结合自身情况和特色开发劳动校本课程，力争实现"一校一特色，一特色一课程"。深圳明德实验学校、红岭实验小学、福田区外国语学校（景秀）把劳动和科创巧妙融合。其中，深圳明德实验学校创新校内劳动实践，通过充分整合学校资源，引入高新技术企业，与其共建仿生机械、数字制造等18个创新实验室，开发校企融合的跨学科实验室课程群，让学生深度体验新型科创劳动教育。另外，东海实验学校（竹园校区）、华新小学等校打造天台农场，以生产劳动为特色；上步中学、梅丽小学等校将非遗与劳动教育结合……各校均走出了自己独特的劳动教育之路。

四、开发劳动实践基地，引领学生劳动实现知行合一

作为福田区落实劳动周活动的实践基地，福田区劳技中心开发了30余门课程，供区内初中生每学期进行一周劳动实践，成为学校劳动教育的有益补充。同时，福田红树林国家级自然保护区、梅林水库水情教育基地也为福田区的劳动教育提供了校外实践的场域。目前，福田区的劳动教育场域已经从教室走向校园，从校园走向社会，打破了劳动教育的边界；福田区的劳动教研也从课程走向课堂，从理论走向实践，逐步引领学生实现身心合一、学创合一、知行合一。

洪柳

2024年5月

目　录

上　篇　理论基础

中　篇　实践探索

下 篇 应用案例

上篇

理论基础

"福·融"劳动教育理论主张

　　尽管劳动教育在撬动"五育"并举的过程中发挥着不可替代的重要作用，而将劳动从综合实践活动课程中独立出来也是《义务教育课程方案（2022年版）》的主要亮点之一，但相对于传统学科教育的实施基础与过程，对"劳动教育是什么、劳动教育为什么和劳动教育怎样做"的探索和应答，以及劳动课程体系的构建和实施，尚处于起步阶段。但正如有位名人所说："任何重要的事，不在于我们在何处，而在于我们朝着什么方向走。"在深圳福田，我们追求和实践"福·融"劳动教育：一种区本劳动教育的主张，无疑是寻找到一个正确的方向。（图1）

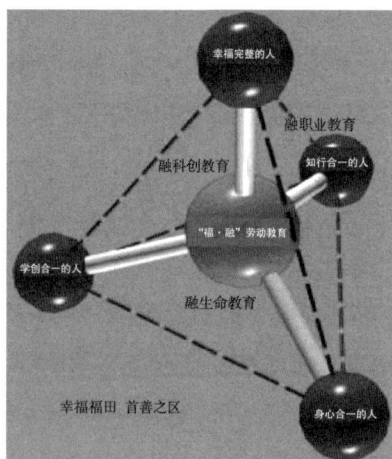

图1　"福·融"劳动教育框架

一、何谓"福·融"劳动教育

作为一种劳动教育的主张，"福·融"劳动教育，当然可以从教育者的心灵出发，依据拆字解词的手法、区域与劳动教育的特点去透视这一主张。

据考证，"福"大约始见于商代甲骨文，其古字形象为双手捧着酒樽往祭桌上进奉的样子，表示用酒祭神。也就是说，"福"的本义应是求福，求福是为了得福，于是引申为幸福，这个意义一直以来都是"福"的基本义。不难看出，"福·融"劳动教育之"福"，乃是通过劳动教育，引领学生追求幸福完整人生之福。同时，"福"既是深圳中心城区福田区的简称，也让我们联想到"广种福田"之信仰和意境，特指福田的劳动教育工作者们，从内心深处把劳动教育视为在学生的心中种下的一颗幸福的种子，以让学生能够获得幸福完整的人生。所以，"福"字代表了福田劳动教育的方向和愿景。

"融"，本义指炊气上升，现多作融合、融化、融洽、融会贯通、融为一体之用。2023年年底，有关机构共同主办了2023海峡两岸年度汉字评选，结果"融"字高票当选2023海峡两岸年度汉字。所以，可以看出，"福·融"劳动之"融"，代表了发展福田劳动教育的方法与手段，也汇聚了福田劳动教育人最真挚朴素的情感。

由此，我们不妨给"福·融"劳动教育下一个区本定义："福·融"劳动教育是依据福田教育的区域特点、以"福"为方向和愿景、以"融"为方法与手段、引领学生追求和获得幸福完整人生的教育。

二、为何追求"福·融"劳动教育

"福·融"劳动教育主张的提出，无疑有其历史和现代、国家及区域、课程与教学等层面的背景。

在历史层面，"福·融"劳动的教育主张，体现了马克思主义的基本原理。马克思说过："劳动不仅是人们生产物质需要的手段，更是人的自我肯定、自我实现的手段。"而"福·融"劳动是为了学生追求和获得幸福完整的人生，究其本质含义，就是满足学生"自我实现"的需要。

在现代层面，"福·融"劳动教育的主张，凸显了劳动教育在撬动"五育"并举中的价值功能，通常所说的"以劳树德、以劳增智、以劳育美、以劳强体、以劳创新"本身就必须以"融"为前提、以"融"为方法和以"融"为手段。

在国家层面，"福·融"劳动教育的主张，体现了牢固树立"劳动最光荣、劳动最崇高、劳动最伟大、劳动最美丽"的重要观念。"福·融"劳动教育首先是劳动教育，要实现的是劳动教育的最大功能和最大作用。

在区域层面，"福·融"劳动教育的主张，依据福田教育区域特征，体现了福田教育高质量发展的迫切需要，契合福田教育培养适应未来发展、明确人生方向之优秀学生的战略要求。

在课程层面，"福·融"劳动教育的主张，体现了以"福·融"区本课程体系建构的顶层设计为引领，全面把握劳动教育基本内涵，明确劳动教育总体目标，构建具有福田特征、中国特色和世界水准的一流课程体系。

在教学层面，"福·融"劳动教育的主张，以区域内融合性劳动项目为重要载体，突出变革教学方式，强化教研指导在学与教中的重要作用，有目的、有计划地组织学生参加区域内需要的日常生活劳动、生产劳动和服务性劳动，让学生动手实践、出力流汗，接受锻炼、磨炼意志，培养学生正确的劳动价值观和良好的劳动品质。

三、如何践行"福·融"劳动教育

"福·融"劳动教育的主张，主要通过建设"福·融"劳动课程体系和提供实施支架来践行与实现。

（一）基于区域生态特点，建构"福·融"劳动课程体系

"福·融"劳动课程体系是在福田区"本真、适才、普惠、优质"的教育价值理念指导下，将以"福·融"为关键特点和意义的各个构成要素加以整合，使其在动态过程中指向劳动核心素养目标实现的过程和系统。

劳动是幸福之源，福田是幸福之地。依据劳动教育功能和福田区域教育理念，我们遵循"整体构建、统筹融合、点面结合、系统推进"的原则，在重视"团队人员建设、以评促研激励、实践基地开发"的基础上，以"融"为主要方法与手段，建设了幼、小、初、高一体化的劳动课程体系，发展学生的劳动核心素养。其中，在幼小教育中，融入生命教育内容；在初中教育中，融入科技教育内容；在高中教育中，融入职业教育内容。在课堂教学和劳动项目教学中融入中国文化、科技创造、社会实践、职业体验，在生活劳动中融入生命教育、生存教育等相关内容，帮助学生实现身心合一、学创合一和知行合一。例如：福田有游泳联盟学校，很多学校有游泳馆，我们就充分利用场地资源，进行水上救生的劳动教育；福田很多学校有天台农场、校园植物园，我们就进行基于生产劳动融入智能技术、开创高科技生态园的劳动教育；福田有高新技术企业，我们就进行加强互动、实施产教融合、校企融合的劳动教育。

（二）基于劳动项目特点，绘制"一校一特色"课程图谱

劳动教育课程图谱是劳动教育课程的图示化和最直观的体现，是劳动课程体系各部分、各要素之间的内在联系与架构组织，通常从宏观、中观和微观三个层面进行思考与布局。

劳动教育课程图谱的绘制，必须基于劳动项目特点，强调以问题为驱动，将劳动主题的设计融入课程的三大内容、十个任务群，突出发展学生劳动核心素养的要求。

我们在做好区域顶层设计的前提下，一方面，要求各学校在"福·融"劳动教育的主张下，在注重"劳动与教育的有机统一、劳动项目与其他课程的结合、关注课外校外实践体验"的基础上设计和绘制劳动课程图谱；另一方面，鼓励学校依据自身资源、场域、传统劳动项目的特点，在发展"一校一特色、一特色一课程"的基础上，来绘制学校特色化和个性化的劳动课程图谱。

例如，我们指导的福田外国语学校"茶韵童心"课程，就是基于茶园这个劳动项目设计课程图谱和六大主题课程，每个年级要求不同，结合三大内容、十个任务群，按不同年级不同要求编制劳动主题课。

（三）基于教师现状特点，开发教学案例指引手册

脚手架本是为了保证施工过程顺利进行而搭设的工作平台，对于起步阶段的劳动教育而言，也必须为老师提供"脚手架"。而劳动教学案例指引手册，是我们为福田劳动教育老师提供的最基本的"脚手架"。

福田劳动教师有一部分是兼职的社团教师，教师队伍有一定的流动性，加之老师教学任务比较繁重，他们深度研读课标和备课有一定的困难。基于教师的这一现状特点，我们开发了教学案例指引手册和教学案例设计模板。模板罗列了劳动教育的三大内容和十个任务群的选项，有劳动学科核心素养四个维度的目标填写、设计理念和大单元整体教学设计思路的填写、教学过程和劳动评价的填写等。模板的框架对老师备课起到提示、指引和规范的作用，为老师提供了备课、教学的基本平台，也促进老师在填写教学设计模板之前要翻阅劳动教育课程标准，在润物细无声中促进老师教研与成长。

（四）基于学校活动特点，设计劳动周活动参考模板

指导劳动周设计方案参考模板，是我们为福田劳动教育老师提供的另一个重要"脚手架"。

劳动周也是基于"福·融"劳动教育的主张，融文化、科技、实践为一体的思想开展的周活动。劳动周设计参考模板中有活动主题、活动背景的提示、活动形式的选择、活动目标的提炼、活动实施的过程和活动评价、活动资料整理等框架，给学校劳动周活动样态和设计提供了参考模板。在这个模板的指引下，福田的劳动周有劳动开幕讲座活动、劳动技能大比拼活动、职业体验活动等，劳动周的设计方案呈现了多样化、科学化、综合化和序列化的特点。

自提出"福·融"劳动教育主张并且努力践行以来，福田劳动教育凸显"三融三合"的特点。课程三融：课程设置融生命教育、融科创教育、融职业教育；课堂三融：课堂教学融文化、科技、实践为一体；教师三融：专职教师、兼职教师、社团教师，三部分教师共同完成课堂教学；场域三融：学校劳动教育、家庭劳动教育、社会实践劳动，家校社协同育人。从课程到课堂，从理论到实践，注重学生身心合一、学创合一、知行合一。

接下来我们还将继续深度思考，逐步开发"福·融"劳动教育主张下的劳动项目设计指引、一校一案指引、家庭劳动教育清单、校外劳动实践指引等，做好区域劳动教育托底建设工作，让劳动教育简单化、规范化和学科化。

总之，福田劳动教育一直致力于为学生追求和获得幸福人生护航，为福田教育高质量发展助力！

"福·融"劳动课程体系

劳动是幸福之源，福田是幸福之地，加强"福·融"劳动课程体系建设是福田教育高质量发展的迫切需求。

2023年1月，在福田区春季开学工作部署会上，福田区教育局要求："要以打造基础教育高质量发展示范区为目标，以'1+N'系列行动为纲要，通过优化课程建设、变革教学方式、强化教研指导等措施，努力构建具有中国特色、世界水准的课程体系，培养适应未来发展、明确人生方向的优秀学生。"

根据区教育局的要求，我们要建设幼、小、初、高一体化的劳动课程，在幼小教育中，融入生命教育内容；在初中教育中，融入科技教育内容；在高中教育中，融入职业教育内容。在课堂教学中，在劳动项目教学中，融入中国文化、科技创造、社会实践、职业体验等相关内容，实现身心合一、学创合一、知行合一。基于劳动项目做劳动教育，实现劳动育人创造幸福人生。福，是目标，是结果；融，是方式，是手段。基于以上思考，我们开始建构"福·融"劳动课程。用课程引领，落实劳动核心素养。

一、劳动核心素养内涵与"福·融"劳动课程目标

"福·融"劳动课程围绕核心素养，体现课程性质，反映课程理念，确立课程目标。

（一）劳动核心素养内涵

劳动课程要培养的核心素养，即劳动素养，主要是指学生在学习与劳动实践过程中逐步形成的适应个人终身发展和社会发展需要的正确价值观、必备品格和关键能力，是劳动课程育人价值的集中体现，主要包括劳动观念、劳动能力、劳动习惯和品质、劳动精神。

1. 劳动观念

劳动观念是指在劳动实践中逐渐形成的，对劳动、劳动者、劳动成果等方面的认知和总体看法，以及在此基础上形成的基本态度和情感。主要表现为：学生能尊重劳动，尊重普通劳动者，了解不同职业劳动者的辛苦与快乐，理解"三百六十行，行行出状元"的道理；能正确理解劳动对于个人生活、家庭幸福、社会进步、国家富强和人类发展的意义，懂得劳动创造人、劳动创造财富、劳动创造美好生活的道理；能崇尚劳动，牢固树立劳动最光荣、劳动最崇高、劳动最伟大、劳动最美丽的观念。

2. 劳动能力

劳动能力是指顺利完成与个体年龄及生理特点相适宜的劳动任务所需的胜任力，是个体的劳动知识、技能、行为方式等在劳动实践中的综合表现。主要表现为：学生具备基本的劳动知识和技能，能正确使用常用的劳动工具；能在劳动实践中增强体力，提高智力和创造力，具备完成一定劳动任务所需要的设计能力、操作能力及团队合作能力。

3. 劳动习惯和品质

劳动习惯和品质是指通过经常性劳动实践形成的稳定行为倾向和品格特征。主要表现为：学生具有安全劳动、规范劳动、有始有终等习惯；养成自觉自愿、认真负责、诚实守信、吃苦耐劳、团结合作、珍惜劳动成果等品质。

4. 劳动精神

劳动精神是指在劳动观念、劳动能力、劳动习惯和品质的培养过程中形成与发展的，在劳动实践中秉持的关于劳动的信念信仰和人格特质。主要表现为：学生能领会"劳动是一切幸福的源泉""幸福是奋斗出来的"的内涵与意义；继承中华民族勤俭节约、敬业奉献的优良传统；弘扬开拓创新、砥砺奋进的时代精神；感知爱岗敬业、甘于奉献的劳模精神；培育百折不挠、艰苦奋斗的革命精神，以及精益求精、追求卓越的工匠精神。

核心素养的四个方面相互联系、相辅相成，构成一个有机整体。"福·融"劳动要以国家课程标准为依据，以发展学生的核心素养为目标，培养适应未来社会的终身发展和全面发展的时代新人。

（二）课程目标

1. 形成基本的劳动意识，树立正确的劳动观念

形成对劳动与人类生活、社会发展、个人成长之间关系的正确认识，懂得人人都要劳动、劳动创造财富、劳动创造美好生活等基本道理；体验劳动的艰辛和快乐，形成劳动效率意识、劳动质量意识；具有热爱劳动、热爱劳动人民、尊重普通劳动者的积极情感；树立劳动最光荣、劳动最崇高、劳动最伟大、劳动最美丽的观念。"福·融"劳动还要培养学生的生命意识，珍爱生命，懂得生存的价值和意义，培养学生早期的职业精神，体验职业不分高低贵贱，职业是自身生存和发展，为社会创造财富的一种能力。未来中国成为发达国家，各种生存方式、劳动方式、工作种类是未来社会多样态的呈现。

2. 发展初步的筹划思维，形成必备的劳动能力

"福·融"劳动要基于劳动项目，设计真实的劳动情境，用连续问题串引领探究，学生通过完成劳动项目的任务，运用多种学科知识解决问题，动手实践形成劳动技能。能从目标和任务出发，系统分析可利用的劳动资源和约束条件，制订具体的劳动方案，发展初步的筹划思维，发展基本的设计能力；能使用常用工具与基本设备，采用一定的技术、工艺与方法，完成劳动任务，形成基本的动手能力；能综合运用多学科知识和多方面经验解决劳动中出现的问题，发展创造性劳动的能力；在劳动过程中学会自我管理、团队合作。

3. 养成良好的劳动习惯，塑造基本的劳动品质

能自觉自愿地劳动，养成安全规范、有始有终的劳动习惯；体悟劳动成果的来之不易，珍惜劳动成果；能辛勤劳动、诚实劳动、协作劳动和创造性劳动，养成吃苦耐劳、持之以恒、责任担当的品质。"福·融"劳动还强调培养学生珍爱生命、学会生存的能力。爱劳动、尊重各行各业的劳动技能和劳动成果，尊重各种职业的劳动付出，公平客观地认识体力劳动和脑力劳动的共同价值。

4. 培育积极的劳动精神，弘扬工匠精神、创新精神

通过持续性劳动实践，培养勤俭、奋斗、创新、奉献的劳动精神；具有继承中华民族勤俭节约、敬业奉献优良传统的积极愿望；弘扬爱岗敬业、甘于奉献的劳模精神和精益求精、追求卓越的工匠精神，具有不畏艰辛、锐意进取，为社会发展和国家建设付出辛勤劳动的奋斗精神。"福·融"劳动通过课程设计、课堂教学，着力渗透中国的传统文化。在传承的基础上创新，在实践的过程中重新加工，培养学生的创新创造精神。

二、"福·融"劳动课程内容

（一）"福·融"劳动课程依托劳动任务群

劳动课程内容共设置三大类十个任务群（图1），每个任务群由若干项目组成，分布在不同的学段和年级。日常生活劳动包括清洁与卫生、整理与收纳、烹饪与营养、家用器具使用与维护四个任务群；生产劳动包括农业生产劳动、传统工艺制作、工业生产劳动、新技术体验与应用四个任务群；服务性劳动包括现代服务业劳动、公益劳动与志愿服务两个任务群。

任务群		1—2年级 ➡	3—4年级 ➡	5—6年级 ➡	7—9年级
日常生活劳动	清洁与卫生				
	整理与收纳				
	烹饪与营养				
	家用器具使用与维护				
生产劳动	农业生产劳动				
	传统工艺制作				
	工业生产劳动				
	新技术体验与应用				
服务性劳动	现代服务业劳动				
	公益劳动与志愿服务				

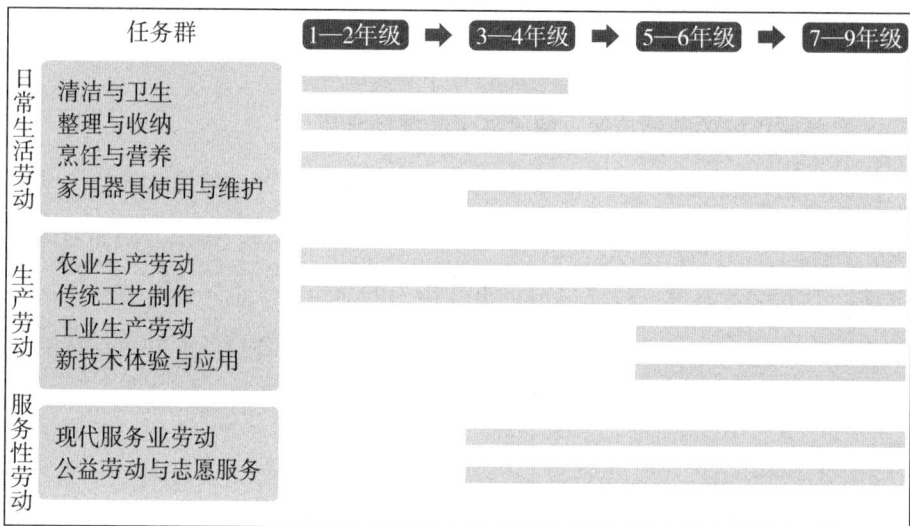

图1　劳动课程内容结构示意图

（二）"福·融"劳动内容指引清单

第一学段（1—2年级）

劳动素养要求如下。

劳动观念：在简单的日常生活、生产劳动中，认识到人们的衣、食、住、行、用都离不开劳动，懂得人人都要劳动的道理，积极主动参与班级劳动，初步体会劳动对日常生活的重要性；能在力所能及的劳动实践中体会劳动的艰辛和快乐，初步形成喜欢劳动、积极参加劳动的态度。懂得生命个体是怎么来的，珍爱生命。

劳动能力：能在完成清洁与卫生、整理与收纳、烹饪与营养等劳动任务的过程中，初步掌握基础知识、基本步骤与操作方法，初步形成个人生活自理能力；能在简单的工艺制作劳动、农业劳动中，初步掌握简单的手工技能，会使用简单的工具，能照顾身边常见的动植物。

劳动习惯和品质：能做到不浪费粮食，爱护学习用品、生活用品等，懂得珍惜劳动成果；在劳动过程中遵守劳动纪律和安全规范；初步养成"自己的事情自己做"、认真负责、有始有终的劳动习惯和品质。

劳动精神：能在劳动过程中不怕脏、不怕累。

第一学段劳动内容见表1。

表1 第一学段劳动内容

劳动内容	劳动任务群	课标内容建议	福田特色（融生命教育）
日常生活劳动	清洁与卫生	学习扫地、洗抹布、擦拭桌椅、清洁房间；晾晒日常衣物、垃圾分类、洗红领巾等小物件	防疫、科学洗手、安全防护、卫生安全、食品安全
	整理与收纳	整理自己的生活用品、学习用品，如衣物、玩具、书本、文具等；整理自己的书包、课桌和居室的书柜及书桌	系鞋带、独立穿衣服、搭配衣服、分类整理物品
	烹饪与营养	参与简单的家庭烹饪劳动，如择菜、洗菜、淘米等，选择合适的工具削水果皮，用合适的器皿冲泡饮品	大盆菜的制作搭配（福田区下沙村）、厨具的使用方法和安全常识
生产劳动	农业生产劳动	种植和养护1—2种当地常见的水培或土培植物，如绿萝、文竹等，或饲养1—2种小动物	人与植物、人与动物的和谐共处
	传统工艺制作	选择1—2项传统工艺制作项目，如纸工、陶艺、编织等	与节气融合制作深圳文化的传统工艺，如剪纸（袁氏，福田区商报路）

第二学段（3—4年级）

劳动素养要求如下。

劳动观念：通过日常生活劳动，懂得"一分耕耘，一分收获"的道理；在简单的生产劳动和服务性劳动中，认识到劳动无高低贵贱之分，知道尊重劳动、尊重普通劳动者；主动为身边人提供服务，形成初步的服务意识和社会责任感；具有主动承担力所能及的劳动的意识，初步养成热爱劳动的态度。

劳动能力：能在日常生活劳动中发现存在的问题，并选择和运用恰当的劳动技能加以解决，形成生活自理能力；能在简单的生产劳动过程中，了解常用的材料，认识并使用常用的劳动工具，能设计与制作简单的工艺作品，具有初步的植物种植、动物饲养的能力；能在学校、社区的服务性劳动中，初步形成关爱他人，积极参与学校、社区建设的劳动意识和能力。

劳动习惯和品质：主动遵守劳动纪律和安全规范，养成自觉自愿、认真负责、专心致志、有始有终的劳动习惯和品质。

劳动精神：形成勤俭节约、不怕困难的精神。

第二学段劳动内容见表2。

表2　第二学段劳动内容

劳动内容	劳动任务群	课标内容建议	福田特色（融生命教育）
日常生活劳动	清洁与卫生	能用合适的洗涤用品清洗自己的鞋袜、内衣和书包等。参与教室卫生打扫，将桌椅摆放整齐，分类投放垃圾	家庭和教室清洗、打扫、消毒。踩水自救、简单伤口包扎
	整理与收纳	定期整理居室里的书柜、衣橱、鞋柜和教室里的"图书角"、卫生柜、讲台桌面。整理房间、分类摆放	认识急救物品，并能分类摆放，整理外出旅行的行李箱，空间利用合理
	烹饪与营养	制作凉拌菜、拼盘，学习用蒸、煮方法加工食材。例如，用油、盐、酱油、醋等调料制作凉拌黄瓜；将几种水果削皮去核并做成水果拼盘；加热馒头、包子等面食；煮鸡蛋、水饺等	大盆菜的配菜制作（福田区下沙村）、埔尾茶果制作
	家用器具使用与维护	正确使用1—2种家庭常用小电器，如吹风机、吸尘器等，完成劳动任务。认识、了解厨具的种类和作用，正确使用厨房小家电参与家庭烹饪劳动，如用电饭煲煮饭。知道操作流程要规范、安全	换灯泡，注意线路安全，汽车熄火，节能使用电视、电脑、空调等

劳动内容	劳动任务群	课标内容建议	福田特色（融生命教育）
生产劳动	农业生产劳动	选择当地1—2种常见的蔬菜，如大白菜、西红柿、黄瓜等进行种植，可以在学校农场也可以在家里阳台，投喂小动物	利用家庭场地，如阳台、庭院等，让学生在家中进行植物种植。组织参观现代化种植、养殖基地，了解当地现代化种植和养殖技术，体验技术进步对农业发展的促进作用
	传统工艺制作	选择1—2项传统工艺制作项目，如纸工、泥工、布艺、编织等，了解制作的技能和方法。识读简单的示意图，尝试设计简单作品	上梅林凉帽带、围裙带编织技艺、皮影制作（福田区南园街道文体中心皮影制作工作室）；结合春节、元宵节、劳动节、国庆节等节日，开展主题活动，如剪纸、剪窗花、做灯笼
服务性劳动	现代服务业劳动	在批发和零售业，交通运输、仓储和邮政业，住宿和餐饮业，信息传输、软件和信息技术服务业，金融业，房地产业，教育，卫生和社会工作，文化、体育和娱乐业，公共管理、社会保障和社会组织等现代服务行业中，选择1—2项与自身日常生活密切相关的项目进行实践、体验，如开展班徽设计等文化创意服务活动	帮助家长收取快递，体验现代物流服务；在餐厅中利用智能设备点餐，体验现代餐饮服务；到银行、钱币博物馆、金融教育示范基地等金融实践基地，体验现代金融服务；设计美化教室

续 表

劳动内容	劳动任务群	课标内容建议	福田特色（融生命教育）
服务性劳动	公益劳动与志愿服务	以校园、社区为主，参加1—2项力所能及的公益劳动与志愿服务，利用自身的知识与技能、创造的物质产品与精神产品等，满足他人需要、帮助他人解决问题。例如：担任学校校史馆小向导，向访客介绍学校历史等；担任运动会、艺术节等学校重大活动的志愿者，做出自己的贡献；参与社区环境维护，为他人创造更好的公共空间。初步了解学校和社区中公益劳动与志愿服务的需求、形式与内容，体验多种服务性劳动过程	组织开展图书、衣物、玩具捐赠活动或义卖活动等。在活动过程中，指导学生记录公益劳动与志愿服务经历，开展志愿服务项目成果展示等。组织学生做生命教育小天使，宣讲珍爱生命、维护和平

第三学段（5—6年级）

劳动素养要求如下。

劳动观念：通过日常生活劳动，认识到劳动对家庭幸福、社会进步的意义，在基本的植物养护、动物饲养、工艺品制作等生产劳动过程中，初步形成劳动创造财富的观念，理解普通劳动者的光荣和伟大；形成主动服务、关心社会、扶助弱小、热心公益、关爱生命、热爱自然的意识，在劳动过程中初步形成劳动效率意识和劳动质量意识。

劳动能力：能发现日常生活劳动中存在的问题，综合运用生活基本技能解决问题，增强生活自理能力；能发现生产劳动中的需求与问题，运用基本生产知识与技能，选择合适的工具、材料，合作完成简易工业产品的设计与制作，初步具备从事简单生产劳动的能力；能在服务性劳动中，运用已有劳动技能服务他人、服务学校、服务社区。

劳动习惯和品质：在劳动过程中吃苦耐劳，主动承担力所能及的劳动，养成安全劳动、规范操作、坚持不懈，以及诚实劳动、合法劳动的劳动习惯和品质。

劳动精神：初步形成不畏艰辛、积极探索、追求创新的精神。

第三学段劳动内容见表3。

表3　第三学段劳动内容

劳动内容	劳动任务群	课标内容建议	福田特色（融生命教育）
日常生活劳动	整理与收纳	通过对物品的整理与取舍，清理自己的学习与生活空间，如清理和合理处置使用过的教科书、簿本，以及不再穿的衣物、不再玩的玩具等。初步掌握对物品、居室进行整理、清洁的方法，较为充分、合理地利用家居空间，用劳动和智慧为自己与家人创造更舒适的生活环境	筹划管理、了解个人生活空间里的物品是否需要、占据空间大小，并进行劳动规划，制订解决方案。整理与收纳劳动实践要有一定的依据，如必要、合适、整洁等。换床单、筹划个人出行物品
	烹饪与营养	用简单的炒、煎、炖等烹饪方法制作2—3道家常菜，如西红柿炒鸡蛋、煎鸡蛋、炖骨头汤等，参与从择菜、洗菜到烧菜、装盘的完整过程。能根据家人需求设计一顿午餐或晚餐的营养食谱，了解不同烹饪方法与食物营养的关系	协助父母制作大盆菜或者一两道家乡特色美食，了解简单的食物营养搭配，为健康护航
	家用器具使用与维护	通过阅读产品说明书，了解家庭常用电器，如电视机、电冰箱、洗衣机、电风扇、空调等的功能特点，掌握基本操作方法。根据需求选择使用功能，规范、安全地操作。例如：使用洗衣机的不同功能洗涤不同材质的衣物；使用电饭煲的蒸、煮、炖等功能满足食品制作的不同需求	正确使用洗衣机、厨房家电、咖啡机、饮水机、微波炉等；更换闹钟、遥控器等器具电池；对手机、平板等家用电子设备进行安全充电和使用

17

续 表

劳动内容	劳动任务群	课标内容建议	福田特色（融生命教育）
生产劳动	农业生产劳动	种植与养护1—2种当地常见的蔬菜、盆栽花草、果树等，或根据区域相关规定，合法合规饲养1—2种常见家畜，如兔、羊等。体验简单的种植、饲养等生产劳动，初步学习种植、饲养的基本方法	实验种植、立体农业、智能监测养护等现代化种植和饲养技术。可采用项目学习的方式开展学习与实践，将学生亲历劳动实践与现代农业技术考察、探究结合起来。民以食为天，体验农业生产对生命延续的重要性
	传统工艺制作	选择1—2项传统工艺制作项目，如陶艺、纸工、布艺、编织、印染、皮影、木版画等，了解其特点及发展历史，初步掌握制作的技能和方法。读懂基本的实体图、示意图、装配图等。根据劳动需要，设计方案并选择合适的材料和工具制作简单作品	沙尾莫氏点灯（福田区沙尾村）、埔尾茶果制作技艺（福田区巴登村），邀请非物质文化遗产代表性传承人、技能大师进校园，开展劳动实践指导，或者融合当地场馆资源开发劳动项目
	工业生产劳动	选择1—2项工业生产项目，如木工、金工、电子等，熟悉所选项目的工具特点、设备特点。识读简单的产品技术图样，根据图样制作产品的模型或原型，完成产品模型或原型的组装、测试。体验工业生产劳动创造物质财富的喜悦与成就感	利用所在地区工业生产企业，组织学生参观简单工业产品的生产过程或局部环节，如组装、包装等，加深学生对生产劳动创造价值的理解。通过研讨、讲座等方式，与工人、技术人员交流劳动经验
	新技术体验与应用	选择1—2项新技术，如三维打印技术、激光切割技术、智能控制技术等，初步进行劳动体验与技术应用	简易电脑作品设计与制作；简易智能控制作品设计与制作；模型组装；等等

续 表

劳动内容	劳动任务群	课标内容建议	福田特色（融生命教育）
服务性劳动	现代服务业劳动	根据学生的年龄特征、自身兴趣与实际条件，选择1—2项现代服务业劳动项目进行参与、体验，如基于学校或社区条件体验现代物业管理，基于学校文化和师生需要开展学习用品设计等文化创意服务劳动。初步了解新兴现代服务业的类别、内容及其劳动过程与特征	结合当地餐饮机构资源，开展"餐饮服务体验日"活动；结合当地银行资源，开展"银行工作体验日"活动；等等。利用深圳市劳动实践基地进行职业体验等
	公益劳动与志愿服务	参与1—2项公益劳动与志愿服务劳动项目。例如：参与校园绿化环境维护、卫生监督等学校事务管理，为同学和老师提供劳动服务；以小组为单位，在老师或父母的帮助下，为当地养老院老人制作节日食物，分享节日的喜悦；为公共图书馆、科技馆、纪念馆、植物园、动物园、流浪动物救助站等公共空间与社会机构提供服务性劳动，以自己的实际劳动参与社会公共空间建设；在学校、家庭、社区中开展疫情防控等公共卫生服务宣传活动，关爱他人的健康等	设计美化校园方案，结合国际消费者权益日、老年节、教师节等，开展针对特定社会群体的公益劳动与志愿服务。结合生命教育，在社区或街道做生命安全大使，宣传讲解求生技巧

第四学段（7—9年级）

劳动素养要求如下。

劳动观念：通过持续参与日常生活劳动、生产劳动和服务性劳动，理解劳动创造美好生活的道理，增强家庭责任意识，认识到劳动对国家富强和人类发展的意义，尊重和平等对待各行各业的劳动者，自觉向优秀劳动榜样学习；形成初步的职业意识和生涯规划意识，进一步增强公共服务意识和社会责任感，在劳动过程中注重劳动效率和劳动质量。

劳动能力：能在具有一定挑战性的日常生活劳动中，比较熟练地运用家政技能，提高生活自理能力；能在生产劳动中发现存在的需求和问题，进行劳动方案的选择和劳动过程的规划，按照安全规范要求，选择适当的材料和工艺、工具和设备，综合运用劳动技能解决问题，并能根据实施情况，对方案进行必要的改进与优化，发展创造性劳动能力；能在服务性劳动中，初步掌握现代服务业劳动的基本知识与技能，熟悉公益劳动与志愿服务的组织、实施，提升运用相关的劳动知识与技能服务他人、学校、社区的基本能力。

劳动习惯和品质：具有持续参加劳动的积极性，在劳动过程中持之以恒，诚实守信，有责任担当，养成自觉遵守劳动规范、劳动法规的习惯，形成认真负责、吃苦耐劳的劳动品质。

劳动精神：劳动中能不断追求品质、精益求精，牢固树立勤俭、奋斗、创新、奉献的劳动精神。

第四学段劳动内容见表4。

表4　第四学段劳动内容

劳动内容	劳动任务群	课标内容建议	福田特色（融科创教育）
日常生活劳动	整理与收纳	从整体上完成对家庭各居室和教室内部物品的整理与收纳。与他人合作对居室、教室进行适当的装饰和美化，设计有特色、易操作的环境美化方案。独立完成外出远行的行李箱整理与收纳，依据行程安排、天气状况准备衣物和生活用品等	筹划管理、更换和整理被套、床单等大件床上用品；整理鞋柜、橱柜、浴室柜、药箱、杂物柜，废物收纳与利用；家庭出行物品准备与收拾；利用电脑画图筹划美化班级环境、校园环境
	烹饪与营养	根据家庭成员身体健康状况、饮食特点等设计一日三餐的食谱，注意三餐营养的合理搭配。独立制作午餐或晚餐中的3—4道菜。了解科学膳食与身体健康的密切关系，增进对中华饮食文化的了解，尊重从事餐饮工作的普通劳动者	设计一日三餐的营养搭配，科学饮食，健康饮食

劳动内容	劳动任务群	课标内容建议	福田特色（融科创教育）
日常生活劳动	家用器具使用与维护	通过阅读产品说明书，了解家庭常用电器的基本结构、工作原理和保养方法。在材料和工具选择方面，对象依旧是常见的家用器具、家用电器，以及厨房小家电。用螺丝刀、扳手等工具对家用电器进行简单的拆卸、清理、维修等，如空调滤网的清洗，饮水机的清洗、消毒，家用电器小故障的判断与维修等	了解智能家居装备，会使用除湿机、干衣机等除湿电器；更换水龙头、灯泡等家用器具，清洗洗衣机、电冰箱等家用电器，会看装修设计图，懂得水电的排位和布局
生产劳动	农业生产劳动	充分结合当地自然环境、课程实施条件进行教学安排，借助视频、图片进行讲解。活动指导重在引导学生系统思考，关注农业生产发展、技术发展、爱护动植物。注重农业劳动的安全，如农药的安全使用、极端天气的应对等。通过座谈、研讨等形式，组织学生与农民、技术人员交流思想，沟通感情，聆听其奋斗经历、农业劳动体会等，感受新时代农业劳动的职业特点	实验种植、立体农业、智能监测养护等现代化种植和饲养技术。科技赋能农业生产，研究利用营养液、太空种子等科学种植的方式对比传统农业种植，进行对比实验。结合生物、地理、科学等课程融合研究新形势农业生产和饲养
	传统工艺制作	选择1—2项传统工艺制作项目，如陶艺、纸工、布艺、木雕、刺绣、篆刻、拓印、景泰蓝、漆艺、烙画等，了解其基本特点，熟悉制作的基本技能与方法。根据劳动需要，综合运用工艺知识进行设计，通过绘制规范的示意图表达设计方案，并合理选择相应的技能进行制作	鱼皮浮雕画了解与制作（福田区福强路深圳文化创意园）、湘绣了解与制作，中式嫁衣（乔氏）了解与制作（福田区福民路星河明居裙楼），结合端午节、中秋节、校庆等节庆活动，开展综合性传统工艺劳动和制作
	工业生产劳动	选择1—2项工业生产项目，如木工、金工、电子、服装、造纸、纺织等，进行产品设计与加工，	尝试使用安全型电动制作工具；木材、塑料、金属等工艺造型加工；组装较

21

劳动内容	劳动任务群	课标内容建议	福田特色（融科创教育）
生产劳动	工业生产劳动	体验工业生产劳动过程。熟悉所选项目的工具特点、设备特点、加工材料要求。根据产品使用要求选择材料并制订符合人机关系的创意设计方案，识读并绘制简单的产品技术图样，根据图样加工制作产品模型或原型，完成产品组装、测试、优化。理解工业生产劳动对人类生活、生产的重要作用	大件家具；可以采用多种活动形式相结合的方式，如将劳模大讲堂与劳动成果展示等活动相结合，让学生身临其境地感受工业生产的魅力与劳动价值，培养职业认同感
	新技术体验与应用	选择1—2项新技术，如三维打印技术、激光切割技术、智能控制技术、数控加工技术、液态金属打印技术等，进行劳动体验与技术应用。熟悉某项新技术的基本工作过程、常用参数设置、材料的适用范围等。根据设计要求选择某项新技术，制订合理的设计、加工方案或设计图样，完成应用某项新技术进行加工、组装、测试、优化的全过程。记录某项新技术在改变传统加工方式、降低加工成本、提高工作质量方面的主要变化。感受新技术在生产、生活中发挥的重要作用，体悟劳动人民创造新技术的智慧	电脑作品设计与制作；3D打印、激光切割等技术创意作品设计与制作；智能技术简易作品设计与制作，利用激光切割技术进行多功能书架、置物架的设计与制作，利用智能控制技术模拟实现语音控制电梯升降等
服务性劳动	现代服务业劳动	据学生的年龄特征、自身兴趣与实际条件，选择1—2项现代服务业劳动项目进行参与、体验。例如：结合学校食堂的信息化管理需要，为学校食堂提供基于数据分析的现代信息服务；基于当地地理、文化、历史等情况，提供旅游景点设计等现代旅游服务；	可采用项目形式开展本任务群的学习。劳动项目要为学生感知该现代服务业劳动的发展现状提供机会，如智能化食堂管理项目、福田旅行路线设计项目、福田特产营销项目。建议将本活动的开展与职

续　表

劳动内容	劳动任务群	课标内容建议	福田特色（融科创教育）
服务性劳动	现代服务业劳动	针对当地某一特色产品提供基于营销方案设计的现代销售服务。根据所参与现代服务业劳动的特征与过程，开展符合相应要求的劳动。在劳动过程中主动发现有价值的问题，并设计合理的、具有一定创意的问题解决方案	业体验、金融教育等专题教育结合起来
	公益劳动与志愿服务	根据学生已有的日常生活劳动、生产劳动经验，选择1—2项具有一定挑战性的学校、社区公益劳动与志愿服务项目进行实践。例如：以小组或班级为单位，在学校或社区建立移动书亭、物品捐赠资源共享站，以自己创造性的劳动服务更大范围的群体；参与科技馆、博物馆、纪念馆、植物园、动物园、流浪动物救助站等公共空间与社会机构的服务性劳动，担任讲解员、特定活动志愿者等；参与社区环境治理，进行社区公园环境优化、公共健身设施维护等；参与社区公共卫生服务，进行疫情防控宣讲等。根据服务对象（包括个体和集体）的实际需要，确定公益劳动与志愿服务的形式、内容与过程，制订合理的服务性劳动方案并加以组织与实施	参加深圳图书馆、公园、深圳博物馆、深圳科学馆等公共场所志愿服务；参加红树林风景区的保护，参加社会职业体验。将公益劳动与志愿服务和学生的职业体验、生态教育等专题教育结合起来，引导学生主动发现学校、社区环境中存在的实际问题，如福田水库的维护、生态系统维护、公共卫生等问题；引导学生主动帮助需要帮助的群体，如在特殊教育学校做课堂教学助理、学习伙伴等

普通高中

劳动核心素养如下。

劳动观念："福·融"高中劳动教育，注重围绕丰富职业体验，开展服务性劳动和生产劳动，理解劳动创造价值，接受锻炼、磨炼意志，具有劳动自立意识和主动服务他人、服务社会的情怀。

劳动能力：指导学生持续开展日常生活劳动，增强生活自理能力，固化良好劳动习惯；选择服务性岗位，经历真实的岗位工作过程，获得真切的职业体验，培养职业兴趣；积极参加大型赛事、社区建设、环境保护等公益活动、志愿服务，强化社会责任意识和奉献精神；统筹劳动教育与通用技术课程相关内容。

劳动精神：经历完整的实践过程，提高创意物化能力，养成吃苦耐劳、精益求精的品质，增强生涯规划的意识和能力。

普通高中劳动内容见表5。

表5 普通高中劳动内容

劳动内容	劳动任务群	福田特色（融职业教育）
日常生活劳动	整理与收纳	清洁冰箱、灯具、马桶、灶具；清洁墙面、门窗
	烹饪与营养	设计与烹调完整菜式，科学搭配膳食，制作家庭周菜单，准备日常三餐，煲汤炖汤，煎煮中药
	家用器具使用与维护	清洁、安装、保养、维修家用小电器；家居电子控制系统设计与制作
生产劳动	农业生产劳动	参加学农活动；开展动物营养与饲料，病虫害预测和治理等农业实践
	传统工艺制作	端午节、中秋节、校庆等节庆活动，开展综合性传统工艺劳动和制作。了解深圳和福田的非遗文化制作
	工业生产劳动	通用技术课程实践操作项目制作；木材、塑料、金属等工艺造型加工；组装大件家具，修理损坏的家居用品；中华传统工艺作品制作
	新技术体验与应用	电子科技作品设计与制作；简易机器人设计与制作；人工智能技术作品设计与制作；产品三维设计与制作

续 表

劳动内容	劳动任务群	福田特色（融职业教育）
服务性劳动	现代服务业劳动	参与职业体验活动，学生可以了解不同职业的工作内容、薪酬待遇、发展前景等信息，为他们未来的职业选择提供参考。为了确保职业体验活动的有效性和真实性，学校可以与相关企业或机构合作，为学生提供实地参观和实习机会
	公益劳动与志愿服务	理化生实验室和技术专用室协助管理；体育场馆管理与器材维护，参加车站、地铁、医院等公共场所志愿服务；参加社区防疫、重阳敬老等志愿服务；为困难家庭或个人提供志愿服务；参加社会职业体验

三、"福·融"劳动课程实施

（一）"福·融"劳动教学设计参考指引

1. 说明

2020年3月，中共中央、国务院颁布了《关于全面加强新时代大中小学劳动教育的意见》，强调劳动教育是中国特色社会主义教育制度的重要内容，要全面贯彻党的教育方针，坚持立德树人，把劳动教育纳入人才培养全过程。

2022年4月，教育部颁布了《义务教育劳动课程标准（2022年版）》，明确了劳动课程的三大内容、十个任务群，强调了劳动学科要落实的核心素养。

中小学在贯彻意见、实施课程的时候，还有不少理论和现实问题需要厘清与探索，如何落实劳动学科的核心素养？优秀的劳动教学案例如何形成？

面对这样的背景，我们以"目标导向、问题导向和创新导向"，通过深入学习课程标准，学习先进地区的先进经验，结合福田区中小学劳动教育的实际情况，特别制定了福田区劳动教学设计参考模板（表6），供老师们使用时参考。

2. 意义

设计模板，为老师们提供劳动教育教学设计的框架。教学设计参考模板的框架小标题对老师备课起到提示、指引和规范的作用，为老师们提供备课、教学的"脚手架"，让老师们对劳动教育教学不再迷茫。同时，更是抛砖引玉，在模板框架的基础上，激发老师们创新与创造的灵感。

设计模板，使老师们提高学习劳动教育课程标准的自觉性。模板罗列了劳动教育的三大内容和十个任务群的选项，有劳动学科核心素养四个维度的目标填写，这就促使老师们在填写教学设计模板之前要翻阅劳动教育的课程标准，是老师们自学课标的一个好机会，促使老师们按课程标准来进行教学设计，从而进行高效的劳动学科教学。

设计模板，给老师们提炼了劳动课标的内容和核心素养。即便是兼职教师或者外聘教师，对照框架也能对劳动教育的相关内容有大致了解，在教学设计和教学中不至于丢失学科特点或者对教学内容不清楚。

3. 要求

老师们要对照模板，进行规范性的教学设计，同时又要通过研读课程标准，落实核心素养，走向深度教研，逐步形成既符合课程标准又凸显个人教学风格的教学设计，促进福田劳动教育走实、走深、走细、走广。

表6 福田区基于劳动项目的项目式学习案例设计模板

劳动项目名称		试用年级	
所属任务群	日常生活劳动	○清洁与卫生	○整理与收纳
		○烹饪与营养	○家用器具使用与维护
	生产劳动	○农业生产劳动	○传统工艺制作
		○工业生产劳动	○新技术体验与应用
	服务性劳动	○现代服务业劳动	○公益劳动与志愿服务
劳动场域	教室	○校园	
	家庭	○社会基地	
劳动工具和材料			
设计背景			
劳动项目进度整体规划（列表、画图等均可）			

续 表

素养目标	劳动观念	
	劳动能力	
	劳动习惯和品质	
	劳动精神	
驱动问题	本质问题	
	驱动问题	
实施过程		
劳动成果与评价	过程性评价	
	劳动成果展示	

（二）"福·融"劳动周案例设计参考指引

1. 说明

劳动周是指每学年设立的、以集体劳动为主的、具有一定劳动强度和持续性的课外、校外劳动实践时间。劳动周是劳动课程的重要组成部分，劳动周与每周至少1课时的劳动课不能相互替代。劳动周的设置丰富、拓展了劳动教育的实施途径，有助于发展学生的劳动意识与能力，打通学校与社会的联系，发挥劳动教育的综合育人价值。劳动周的内容安排，围绕劳动主题的意义建构，设计一系列劳动任务，促进学生在完成任务和解决问题的过程中发展核心素养。

2. 注意事项

要注重价值引领。主题设置应体现劳动价值观的培育和劳动精神的培养，以学生的生活实际和社会生产实际为出发点。可根据劳动环境、实施条件等进行具体主题的选择和规划，加强与已有实践活动主题的有机结合。

要注重资源利用。统筹和利用好社会、家庭和学校的现有资源。结合当地历史文化、自然资源及本校校情等，利用当地博物馆、非物质文化遗产馆、生态园、茶艺馆、校史馆、研学基地等劳动教育资源和空间，开展个性化的劳动周活动，还可以统筹和利用各类活动资源。可结合校园科技节、校园文化节、校园劳动节等活动，也可通过组织全校劳动技能竞赛等方式，对劳动周进行系统、整体的安排。

要注重周密计划。做好详细的劳动周方案，对劳动周涉及的人、财、物、事，以及时间、空间等要素有缜密的统筹和规划，并做好安全防范预案、意外事件处理紧急预案，等等。

3. 要求

老师们要对照模板，进行有意义的劳动周活动设计，结合学校环境特点和生源特点，实施"一校一案""一家一案"等，开展个性化的劳动周活动，落实课程标准的要求，发展学生的核心素养。

福田区劳动周案例设计模板见表7。

表7 福田区劳动周案例设计模板

活动主题					
活动背景					
活动形式	○劳动项目实践	○劳动技能比赛	○劳动知识讲座	○劳动成果展示	其他
活动目标	劳动观念				
	劳动能力				
	劳动习惯和品质				
	劳动精神				
实施路径					
时间		地点		人员安排	
实施过程					
1					
2					
3					
4					
5					
6					
7					
劳动评价					
劳动素养	评价内容		自我评价 ★★★★★	小组评价 ★★★★★	教师评价 ★★★★★
劳动观念					
劳动能力					

劳动习惯和品质				
劳动精神				
劳动反思与收获				
劳动周资料整理（照片、学生劳动过程等）				

（三）"福·融"劳动项目开发参考指引

1. 劳动项目设计建议

项目设计包括制订项目目标、选择项目内容、确定劳动场域、明确项目过程、提炼项目操作方法等方面。

（1）制订项目目标

在明确劳动课程目标、学段目标及项目目标关系的基础上，结合项目对应的具体任务群的课程内容要求，制订具体项目目标。项目目标的制订要精确、具体、可操作，力求最大限度地反映劳动项目实施的预期结果和学生身心方面的变化，注重劳动观念、劳动能力、劳动习惯和品质、劳动精神的有机融合。以木工工艺作品设计与制作项目为例：5—6年级，可确定项目目标为"学会识读简单木工工艺作品图样，选择合适的手工工具和技术，制作简单木工工艺作品，感受作品完成后的喜悦与成就感，形成安全劳动、规范操作的意识"；7—9年级，可确定项目目标为"能够根据需求，识读并绘制简单木工工艺作品图样，设计并加工简单的木工工艺作品模型或原型，体会作品的创造过程，逐步养成合理利用材料、环保节约的劳动习惯，树立产品质量意识，培养精益求精的劳动精神"。

（2）选择项目内容

针对不同学段学生的经验基础和发展需要，考虑区域特点和学校劳动教育环境，把握不同学段劳动素养培养要求，围绕体现日常生活劳动、生产劳动、服务性劳动的十个任务群，合理选择和确定项目内容。以日常生活劳动中"整理与收纳"任务群为例：1—2年级可选择"笔袋整理""书包整理"等项目内容；3—4年级、5—6年级可选择"整理衣橱""清理使用过的教科书"等项目内容；7—9年级可选择"书房用品整理与收纳""教室的装饰与美化"等项目内容。从学生个人的学习用品整理摆放过渡到对家庭或者教室等较大空间的整理与美化，从单一到综合，从简单到复杂，逐步发展空间规划能力和整体筹划能力，体现不同学段的纵向衔接与递进关系。

（3）确定劳动场域

劳动场域是项目实施的基础条件。在实际操作过程中要根据不同的项目科学、合理地确定劳动场域，包括劳动场所、工具设备、材料及劳动文化氛围等。劳动场所是指工厂、农场、专用教室等适合不同劳动项目的场所；工具设备主要指完成项目必需的劳动工具与设备；材料是项目操作过程中需要使用的消耗性物品及安全防护用品等；劳动文化氛围主要指劳动场域中与相应项目相关的文化元素，包括张贴的标语牌、模范人物挂图、操作规程图、劳动任务统计表等。

（4）明确项目过程

项目过程可分为明确任务、劳动准备、制订计划、组织实施、交流评价等环节。明确任务环节是指在教师的指导下，学生全面了解劳动任务的目的、要求、成果形式、评价标准等，学会对项目进行任务分解；劳动准备环节要让学生针对具体的劳动任务，了解和熟悉劳动工具与材料、劳动场所及劳动过程所需的基本知识与技能等；制订计划环节要引导学生在统筹各种资源的前提下，确定劳动的程序和步骤，形成合理的劳动计划；组织实施环节要让学生按照制订的劳动计划，有步骤地开展劳动活动，经历完整的劳动过程；交流评价环节要让学生对自己的劳动成果进行自我评价、同学间交流展示、师生共同讨论等，要让学生在学会劳动的同时，体会劳动成果来之不易，懂得珍惜自己和他人的劳动成果。

（5）提炼项目操作方法

项目操作方法是学生完成劳动任务、形成劳动感悟的重要基础和前提。在设计项目时，教师要对项目操作的主要方法加以提炼。例如，饮食制作中的煎、蒸、炖等烹饪技法，木工工艺作品设计与制作中的锯、刨、凿等加工方法，钢连接、铰连接等连接方法。这些方法需要学生通过模仿、巩固等过程才能够真正掌握。教师要充分考虑学生实践时可能遇到的困难、陷入的误区及存在的安全隐患，做出示范和指导，提出解决问题的策略，确保劳动项目顺利实施和劳动课程目标的实现。

2. 项目安排建议

项目安排依据三大类劳动教育内容及十个任务群在各学段的分布设计，总体体现"整体规划、纵向推进、因地制宜、各有侧重"的原则。依据学段任务群所体现的课程内容要求，选择和确定所需实施的任务群，整体安排每个学段的项目，体现项目在不同学段的纵向衔接与递进关系。以七年级为例，某校项目安排见表8。考虑到一些工农业生产和工艺制作项目周期较长、耗时较多，需要持续地学习与实践，学校可以从学生的兴趣和学校实际出发，以学年为单位安排项目。

表8　某校项目安排

劳动内容	任务群	七年级上学期	七年级下学期
日常生活劳动	整理与收纳	教室图书角的整理与美化	学校走廊的整理与装饰
	烹饪与营养	蔬菜的营养搭配与烹饪	面食的制作与营养配餐
生产劳动	农业生产劳动	无土栽培芽苗菜	巧做豆制品
	传统工艺制作	布艺环保袋的设计与制作	制作陶制实用器皿
	工业生产劳动	多功能木质笔筒的设计与制作	—
	新技术体验与应用	—	三维打印制作家用小台灯
服务性劳动	现代服务业劳动	学校食堂餐饮服务	社区网络安全风险防控服务
	公益劳动与志愿服务	社区防控宣讲志愿者	流浪动物救助

3. 项目开发注意事项

（1）强化劳动与教育的有机统一

项目开发既要关注劳动知识和劳动技能的学习，也要关注劳动价值的引领、劳动精神的培育。要结合不同学段学生身心发展特点，考虑项目的劳动强度和实施方式的适宜性，如小学入学适应期的项目设计与实施要考虑劳动教育启蒙的特点和项目趣味性。要引导学生从现实生活中的劳动需求出发，筹划设计劳动方案，综合运用所学知识和技能解决问题，完成真实、综合的实践过程，激发学生的主动性和创造性。要将劳动内容与当地的传统文化相联系，让劳动教育成为激发学生学习中华优秀传统文化、树立民族自豪感的重要渠道。

（2）注重项目与其他课程的紧密结合

在具体项目实施过程中灵活运用其他课程所学的知识进行劳动实践，提高学生的综合素质，发挥劳动育人功能。例如：在开发农业生产项目时，可与科学、地理、生物学、化学等课程中相关知识的学习有机整合；在开发传统工艺制作项目时，可与艺术的造型知识，物理、化学的材料知识相联系。

（3）关注课外、校外劳动实践体验的有效拓展

充分利用课外、校外劳动实践场所，自主开发项目，满足多样化的劳动实践需要，将劳动教育与学生个人生活、校园生活和社会生活有机结合，丰富劳动实践体验，让学生养成良好的劳动习惯和品质，深化对劳动价值的理解。例如：结合校园环境维护，开发"冬季校园树木维护"项目；结合志愿服务劳动，开发"社区公共卫生维护"项目。

福田区劳动项目设计模板见表9。

表9　福田区劳动项目设计模板

项目主题					
项目劳动场域	○农场	○工厂	○校园	○教室	○其他
项目背景					
项目目标	总目标				
	学校目标				

内容		任务群	主题内容
学校或年级 项目内容	日常生活劳动	清洁与卫生	
		整理与收纳	
		烹饪与营养	
		家用器具使用与 维护	
	生产劳动	农业生产劳动	
		传统工艺制作	
		工业生产劳动	
		新技术体验与 应用	
	服务性劳动	现代服务业劳动	
		公益劳动与志愿 服务	
项目过程			
劳动主题 （　　）	主题劳动准备		
	主题劳动目的	1．劳动观念 2．劳动能力 3．劳动习惯和品质 4．劳动精神	

续 表

	主题劳动过程	
劳动主题 （　　）	劳动方法提炼	
	主题劳动评价	
项目评价		

（四）"福·融"劳动教学形态参考指引

教学形态是指教师在教学过程中所采用的不同的教学方法、手段和策略的组合，以实现教学目标和促进学生学习的过程。教学形态包括传统的讲授式教学、小组讨论、案例分析、实验教学、项目式学习、远程教育等多种形式。选择适当的教学形态取决于教学目标、学生群体特点、课程内容等因素，通过灵活运用不同的教学形态，可以更好地激发学生的学习兴趣，提高教学效果。

1. 劳动项目式学习

"福·融"劳动的劳动项目式学习是一种将劳动教育与项目式学习相结合的教学方法，旨在通过学生参与具有实际意义的劳动项目，培养他们的劳动技能、实践能力和跨学科的综合素养。这种方法强调学生的主动性和参与度，让他们在亲身实践中体验劳动的价值和意义。

在劳动项目式学习中，学生通常会在教师的指导下，选择一个与现实生活或社会问题相关的劳动项目。提出驱动问题，设计劳动任务，学生需要通过团队合作、调查研究、实践操作等方式，完成项目的规划、实施和总结。在这个过程中，学生不仅学习了劳动技能，还培养了问题解决能力、创新能力、团队合作能力等。

劳动项目式学习具有如下特点。

（1）实践性：学生亲身参与劳动实践，通过实际操作来学习和掌握劳动技能。

（2）综合性：劳动项目通常涉及多个学科领域的知识和技能，需要学生进行跨学科的整合和应用。

（3）团队合作：学生需要分组合作，共同完成任务，培养他们的团队合作精神和沟通能力。

（4）问题解决：学生在项目实施过程中会遇到各种问题和挑战，需要他们运用所学知识进行问题解决和创新思考。

劳动项目式学习的实施步骤如下。

（1）确定项目目标和内容：首先明确劳动教育项目的目标，如培养学生的劳动技能、团队合作能力、创新能力等，根据目标确定项目的具体内容和要求。

（2）设计项目计划：制订详细的项目计划，包括项目的时间安排、任务分配、资源需求等，确保项目的可行性和可操作性。

（3）选择适当的项目：选择适合学生年龄和能力的项目，既要具有挑战性，又要让学生在实践中获得成就感。项目可以涵盖农业劳动、手工业制作、社区服务等领域。

（4）提供必要的培训：在项目实施前，为学生提供必要的劳动技能培训和安全指导，确保学生具备完成项目所需的基本知识和技能。

（5）组织实施项目：按照项目计划，组织学生实施项目。在实施过程中，教师应给予学生适当的指导和帮助，鼓励学生积极参与并发挥主观能动性。

（6）评估项目成果：项目完成后，对学生的劳动技能掌握情况、团队合作表现、创新能力等进行评估。同时，鼓励学生分享交流学习的收获，反思并修订完善项目的最终成果。

劳动项目式学习的优势如下。

（1）培养劳动精神：通过亲身参与劳动实践，学生能够深刻体会劳动的价值和意义，培养良好的劳动习惯和劳动精神。

（2）提高实践能力：学生在实践中学习劳动技能，能够更好地将理论知识与实际操作相结合，提高实践能力。

（3）促进跨学科学习：劳动项目通常涉及多个学科领域的知识和技能，有助于培养学生的跨学科思维和综合能力。

（4）增强社会责任感：通过参与具有社会意义的劳动项目，学生能够增强对社会的责任感和使命感。

然而，劳动项目式学习也面临一些挑战，如需要合适的劳动场地和工具、教师的指导和监督、学生的安全保障等。因此，在实施劳动项目式学习时，需要充分考虑这些因素，确保教学的有效性和学生的安全。

2. 劳动主题式学习

"福·融"劳动的劳动主题式学习是一种围绕劳动教育设计的教学方法，它集中在一个或多个与劳动相关的主题（如二十四节气、传统节日、劳动英雄楷模故事等），通过探索、研究和实践，使学生能够深入理解劳动的价值。这种方法强调学生的参与和体验，旨在培养他们对劳动的热爱、劳动习惯和社会责任感。

在劳动主题式学习中，教师会结合学生的年龄特点和学科特点，确定可操作或可感悟的劳动教育主题。然后，根据这些主题，规划线上或线下的教学内容，设计具体的教学环节，并预想学生在上课过程中可能遇到的困难。接着，教师会制定适合师生进行居家或课堂学习的教学流程，使学生在实践的过程中真正体验劳动的乐趣。同时，学生还可以在小组或班级内分享他们的劳动体验和收获，通过交流巩固已经获得的情感和技能体验，进一步分享彼此之间的经验。这种交流可以是口头的，也可以是文字材料，如让学生围绕劳动过程记录内心最真实的感受，从而品味劳动的酸甜苦辣，思辨成败得失，从劳动中感受中国传统文化的魅力，感受劳动可以创造幸福生活。

劳动主题式学习的特点如下。

（1）真实性：主题式学习往往围绕真实世界的问题或情境展开，使学习更具实际意义。

（2）合作性：学生通常需要分组合作，共同完成任务，培养他们的团队合作精神。

（3）学生中心：这种方法强调学生的主动性和参与度，鼓励学生自主探索和解决问题。

（4）跨学科性：主题式学习通常涉及多个学科领域，鼓励学生将不同学科的知识和技能进行整合。

劳动主题式学习的实施步骤如下。

（1）确定主题：选择一个与学生兴趣和生活经验相关的主题。

（2）制订计划：设计教学计划和活动，确保涵盖多个学科领域。

（3）探索研究：引导学生通过查阅资料、实地考察等方式，深入了解主题。

（4）交流分享：组织学生进行讨论、展示和交流，分享他们的研究成果。

（5）应用实践：设计实践活动，让学生将所学知识应用于实际情境中。

（6）总结和反思：对整个学习过程进行总结和反思，以便改进未来的教学。

劳动主题式学习的优势如下。

（1）提升劳动品质：主题式学习通常更具吸引力，能够激发学生的学习兴趣和动力。它能够使学生更深入地了解劳动的意义和价值，培养他们的劳动技能和习惯。

（2）培养综合能力：这种方法有助于培养学生的跨学科思维、创新能力和解决问题的能力。

（3）促进合作学习：小组讨论、合作研究等活动，可以培养学生的团队合作精神和沟通能力。

（4）增强现实意义：将学习内容与现实生活联系起来，学生更容易理解和应用所学知识。

然而，主题式学习也面临着一些挑战，如需要教师具备跨学科的教学能力、文化底蕴和素养，较强的教学资源整合能力，以及学生自主学习和合作能力的培养等。因此，在实施主题式学习时，教师需要充分考虑这些因素，确保教学的有效性和学生的全面发展。

四、"福·融"劳动课程评价

（一）掌握劳动课程评价的基本要求和基本方法

新时代中小学劳动教育评价应该引导学校把劳动教育作为一种价值召唤，通过劳动教育评价，强化激励性和基础性，让劳动成为一种积极的生存方式，突出主体性与责任性。《大中小学劳动教育指导纲要（试行）》指出，将劳动素养纳入学生综合素质评价体系。以劳动教育目标、内容要求为依据，将过程性评价和结果性评价结合起来，健全和完善学生劳动素养评价标准、程序和方法，鼓励、支持利用大数据、云平台、物联网等现代信息技术手段，开展劳动教育过程监测与纪实评价，发挥评价的育人导向和反馈改进功能。

1. 劳动表现评价

劳动表现评价旨在通过了解学生在学校或者家庭的劳动过程中的表现，判断学生的劳动效果，调整教学实施方案，更好地实现教学目标，还可以帮助学生了解自己在劳动过程中的表现，并为未来的劳动活动提供参考和改进的方向。

（1）常用的学生劳动表现性评价方法

① 观察记录法：通过观察学生在劳动过程中的表现，记录他们的行为、态度、技能使用情况等，以此作为评价的依据。观察记录法可以实时反映学生的劳动情况，有助于教师及时发现问题并给予指导。

② 作品分析法：对学生的劳动成果进行分析，包括作品的质量、创意、实用性等方面。作品分析法可以评价学生的技能水平、创新能力和实践能力。

③ 知识测试法：通过笔试、口试等方式，测试学生对劳动技能和相关知识的掌握情况。知识测试法可以评估学生的理论基础和学习成果。

④ 自我评价法：鼓励学生对自己的劳动表现进行自我评价和反思，帮

助他们认识到自己的优点和不足，并制订改进计划。自我评价法可以培养学生的自我意识和自我管理能力。

⑤ 他人评价法：包括教师评价、同伴评价和家长评价等。他人评价法可以从不同角度提供全面的评价信息，有助于学生了解自己在劳动中的表现，并促进他们的进一步发展。

（2）学生劳动表现性评价的内容

评价内容要紧扣课程内容要求和劳动素养要求，客观准确地反映学生在真实情境下劳动素养的表现水平，以目标为导向，实现教学评的一致。

① 课堂表现评价内容见表10。

表10　课堂表现评价内容

素养目标	描述与标准	自评	组评	师评
劳动观念	是否热爱劳动、尊重劳动者、尊重劳动成果，学生在劳动过程中的态度是否积极、认真			
劳动能力	是否具备解决问题的知识和技能，学生在劳动过程中是否能够提出创新性的想法或解决方案，是否具有筹划能力等			
劳动习惯和品质	劳动过程中是否注意操作安全流程，是否能与同伴合作。是否能勤奋、刻苦、坚持等			
劳动精神	是否有工匠精神、楷模精神，是否有劳动信念和信仰等			

不同类型的劳动内容、不同任务群，评价的侧重点有所不同，课堂素养目标的确定结合三大内容和十个任务群的目标要求、结合不同年龄段的学生来确定描述的标准。日常生活劳动侧重于卫生习惯、生活能力和自理、自立、自强意识等的评价。生产劳动侧重于工具使用和技能掌握、劳动价值观、劳动质量意识以及劳动精神等的评价。服务性劳动侧重于服务意识、社

会责任感等的评价。

②平时表现评价内容。

平时表现可以利用劳动任务单（表11）记录某项劳动任务劳动过程、劳动成果、劳动体会等情况。以学生的自我评价为主，辅以教师、同伴、家长、服务对象等他评方式，指导学生进行反思改进。要指导学生如实记录劳动教育活动情况，收集整理相关制品、作品等，选择代表性的写实记录，纳入综合素质档案，作为学生学年评优评先的重要参考，劳动任务单可作为评价学生劳动学习与实践效果、劳动目标达成情况的依据。针对不同学段，可灵活使用多种方法进行评价。

表11　劳动任务单

学生班级、姓名	
劳动时间	
劳动地点	
劳动内容	
劳动过程记录	
劳动方法与步骤梳理	
劳动成果（可图片）	
劳动体会	

2. 阶段综合评价

劳动课程阶段综合评价是在学期、学年或学段结束时进行的综合评价，反映学生劳动课程学习的水平和核心素养的阶段性达成情况。

劳动课程阶段综合评价应采用过程性评价与结果性评价相结合的方式。过程性评价可结合档案袋进行；结果性评价可采用测评形式，通过考查学生在完成测评任务过程中的表现来进行。过程评价量表见表12。

表12 过程评价量表

劳动内容	劳动项目	劳动时长	劳动表现
日常生活劳动			
生产劳动			
服务性劳动			
劳动周			
参与的项目	项目概述		
劳动成果			
成果名称	成果简介		
劳动测评			
测评任务	任务表现		
阶段综合评价结果	□优秀 □良好 □合格 □不合格		

要用好评价结果，充分发挥评价的反馈改进功能，依据评价目标和评价标准对评价结果进行恰当的解释，帮助学生了解自己的劳动学习与实践状况，提出改进策略。同时，推动将学段综合评价结果作为学生升学、就业的重要参考。

（二）突出基于"福·融"劳动教育主张的课程评价

1. 以《劳动新课标》为原点，厘清评价的基准性

一切教育问题都离不开教育的根本问题，即"培养什么人、怎样培养人和为谁培养人"的问题，劳动教育评价也不例外。劳动教育评价作为教育评价的一部分，正从测量取向、判断取向、描述取向、协商取向走向价值取向。

　　"福·融"劳动教育评价，首先是一种价值评价。而在价值取向维度上，我们把目光聚焦于《义务教育劳动课程标准（2022年版）》（以下简称《劳动新课标》），因为《劳动新课标》是当前回答劳动教育根本问题最重要、最权威和最根本的表达与载体。

　　我们组织全区劳动学科老师认真研读《劳动新课标》，大家发现，其用"三多"给出了劳动教育评价的基本原则，即"评价内容多维、评价方法多样、评价主体多元"，呈现出"多维度、多样性和多元化"的特征，但其本质还是要"体系化"或"结构化"，而这样的"体系化"或"结构化"无疑又体现了基于深度概念理解的"大观念"思想。

　　大家还发现，《劳动新课标》也给"三多"以具体的解释。其中，"既要关注劳动知识技能，更要关注劳动观念、劳动习惯和品质、劳动精神"的解释，重点指向了学生的劳动核心素养；"既要关注劳动成果，更要关注劳动过程表现"和"重视平时表现评价与学段综合评价结合，定性评价与定量评价结合"的解释，表现出"既要、也要"和"相互结合"的"双导向"思维，强调评价对象在宽领域上的建构性；"以教师评价为主，鼓励学生、其他学科教师、家长等参与到评价中"的解释，体现评价主体在全方位上的协同性。

　　伴随着《劳动新课标》的颁发，以任务群为基础的大单元、大情境、大任务和大问题等新概念纷至沓来，而这些新概念无一不体现了劳动教育的大观念。这里的劳动大观念，当然不是指因外界感受而产生对劳动的心象外延之大，而是指体现了深度概念理解和指向了劳动核心素养的观念。

　　所以，"福·融"劳动教育评价，必须以《劳动新课标》为原点，厘清评价的基准性。

　　例如，为了提高对"福·融"劳动教育项目设计评价的基准性，福田教育科学院在"整体教研"思路下，研制和采用了评价量表，见表13。

表13 评价量表

类别		观察要点	评价
福	方向	（1）有目的地播种劳动幸福教育； （2）有组织地沟通职业、联系社会； （3）有计划地完善人格、造福人民	☆ ☆ ☆ ☆ ☆
	愿景	（1）积极培养劳动情感； （2）投入授人劳动技能； （3）助力建设幸福城区	☆ ☆ ☆ ☆ ☆
融	方法	（1）让学生身心合一； （2）让学生学创合一； （3）让学生知行合一	☆ ☆ ☆ ☆ ☆
	手段	（1）融生命教育； （2）融科创教育； （3）融职业教育	☆ ☆ ☆ ☆ ☆
评价	内容	（1）劳动成果； （2）劳动过程表现	☆ ☆ ☆ ☆ ☆
	策略	（1）平时表现与学段综合结合； （2）定性与定量结合	☆ ☆ ☆ ☆ ☆
	主体	（1）以教师评价为主； （2）学生、其他学科教师、家长等参与到评价中	☆ ☆ ☆ ☆ ☆

2. 以"新核心素养"为支点，突出评价的适切性

"福·融"劳动教育评价，也是一种素养评价，必须以"新核心素养"为基点，突出评价的适切性，从而发挥其在树德、增智、强体、育美等方面的独特价值和显著作用。这里的"新核心素养"，指的是大单元中的劳动能力、大情境中的劳动观念、大任务中的劳动习惯和品质、大问题中的劳动精神等。

"福·融"劳动教育创意开展劳动大单元教学，这里的劳动大单元是为更好地实现劳动育人而设计或者重组的课程单元。评价为实施"福·融"劳动教育而设计或者重组的大单元，我们主要看其有没有指向大单元中的劳动能力，就是看其有没有指向"具备基本的劳动知识和技能，能正确使用常用的劳动工具"的基本胜任力、"具有参加劳动实践"的基本体力、智力、创造力和"完成一定劳动任务"的基本设计能力、操作能力、团队合作能力。

"福·融"劳动教育创新开展劳动大情境教学，这里的大情境是为了更好地开展劳动教学而创设的真实而有情感的场域、背景和境况等。评价为实施"福·融"劳动教育而创设的大情境教学，我们主要看其有没有指向劳动大情境中的劳动观念，就是看其有没有指向"劳动创造了人、劳动是人类谋生的手段、劳动是人的本质"和"学会生存"的基本认知、"劳动对于学生个人成长、家庭幸福、社会发展、民族富强和人类进步都具有重要意义"的基本看法、"尊重个人和他人的劳动、尊重普通劳动者、尊重劳动模范"的基本情感和"劳动最光荣、劳动最崇高、劳动最伟大、劳动最美丽"的基本观念。

"福·融"劳动教育创造开展劳动大任务教学，这里的大任务某种意义上就是为大单元教学而组合的任务群。评价为实施"福·融"劳动教育而选择的大任务教学，我们主要看其有没有指向大任务中的劳动习惯和品质，就是看其有没有指向"学习劳动知识、掌握劳动技能"的习得表现、"安全劳动、规范劳动、有始有终地劳动、自觉劳动、认真劳动、诚实劳动、合作劳动"的行为倾向和"珍惜劳动成果"的品格特征。

"福·融"劳动教育创导开展劳动大问题教学，这里的大问题是指为引领劳动大单元教学而提出的贯穿始终、具有纲领性和关键性的问题。评价为实施"福·融"劳动教育而提供的大问题教学，我们主要看其有没有指向大问题中的劳动精神，就是看其有没有指向"劳动是幸福之源""幸福是奋斗出来的"的基本信念、"继承和发扬中华民族勤劳勇敢、吃苦耐劳、敬业奉献"的优良传统和"弘扬'开拓创新、砥砺奋进'的时代精神、'爱岗敬业、甘于奉献'的劳模精神、'百折不挠、艰苦奋斗'的革命精神、'精益求精、追求卓越'的工匠精神"的重要特质。

所以，"福·融"劳动教育评价，必须以"新核心素养"为支点，突出评价的适切性。

例如，为了弘扬"福·融"劳动教育的主张，福田区外国语学校开展和实施了以"茶韵童心"为大主题的劳动教育课程，并分年级在四个维度上对其进行了评价。其中：在大情境中劳动认知维度上的评价，主要在观察对"茶叶、茶树、茶具、茶品"的认识和辨识、安全知识和技术知识的掌握以及使用工具上；在大单元中劳动能力维度上的评价，主要在考核正确地采茶和制茶的全过程、茶具的正确使用、泡茶和品茶等基本劳动技能的掌握上；在大任务中劳动习惯和品质维度上的评价，主要落实在劳动前工具和材料的准备上、劳动中有规划和有秩序完成任务的意识上、劳动后收拾场地的习惯上，以及逐步养成自觉劳动、安全劳动、坚持劳动的习惯和品质上；在大问题中劳动精神维度上的评价，主要体现在学生参与劳动的热情和积极性上，按"认同劳动、尊重劳动和热爱劳动"三个层面进行评定。

学校还在"福·融"劳动教育主张的引领下，把"茶韵童心"大主题劳动教育课程评价融入学校的"尚礼"学生综合素质评价体系。将劳动课出勤、劳动实践活动参与、劳动作品或产品的展示纳入"基础学分"，将劳动技能竞赛、有相对成体系的劳动成果纳入"绩点学分"，将劳动成果获奖和劳动重大突破纳入"奖励学分"。最后，根据学生所获得学分评出"尚礼小少年""尚礼好少年"和"尚礼小茶师"。

3. 以"新质生产力"为光点，彰显评价的发展性

所谓"新质生产力"，现在约定俗成的定义是："创新起主导作用，摆脱传统经济增长方式、生产力发展路径，具有高科技、高效能、高质量特征，符合新发展理念的先进生产力质态。"

毫无疑问，"新质生产力"首先是生产力，而决定生产力水平的三个基本要素是劳动者、劳动资料和劳动对象，都与劳动相关。所以，发展"新质生产力"及其评价也一定和发展"新劳动教育"及其评价密切相关。

"福·融"劳动教育评价，还是一种形态评价。劳动创造了人，人也创造了劳动，使劳动沿着手工劳动、机器劳动、智能劳动的发展方向，由低级劳动形态向高级劳动形态不断迭代、升级和发展。"福·融"劳动教育评价，就是伴随着这种不断迭代、升级和发展的劳动形态而进行的对劳动教育形态的评价。

对"福·融"劳动教育进行评价时，我们依据福田区域形态特点，即依据福田作为世界大湾区的行政中心、创新中心、会展中心的特点，看劳动教育是否按照发展"新质生产力"的要求，是否让创新起主导作用，以及对照和大湾区中心城区地位匹配度的高低进行评价。

对"福·融"劳动教育进行评价时，我们以"福"为方向和愿景，即依据福田"首善之区、幸福福田"的城区定位，看看劳动教育是否按照发展"新质生产力"的要求，是否符合新发展理念，以及按照城区人民群众幸福度的高低进行评价。

对"福·融"劳动教育进行评价时，我们以"融"为方法与手段，即发挥"融合"的特区精神，看劳动教育是否按照发展"新质生产力"的要求，是否融合"高科技、高效能、高质量"业态特征，以及与先进生产力质态融合度的高低进行评价。

对"福·融"劳动教育进行评价时，我们引领特区学生追求和获得幸福完整的人生，这也是通过发展"新劳动教育"来发展"新质生产力"，以及对其评价的终极意义。

所以，"福·融"劳动教育评价必须以"新质生产力"为光点，彰显评价的发展性。

例如，福田区通过推进"福·融"劳动教育发展"新质生产力"，经历了方式变革、立场变革、驱动变革、价值变革和体系变革五个阶段。

其中，在体系变革阶段，我们将重点对五大措施进行观察和评价。一是创建区域劳动教育智能化环境。看有没有创建高速宽带网络、劳动大数据中心、劳动云计算平台、劳动教育智能化研修基地，支持全域实时性劳动教育数据交换共享，满足劳动教育数据深度挖掘和可视化呈现，领先迈向劳动智能教育时代。二是创建劳动教育智能化系统框架。看有没有创建劳动智能化教室、劳动智能化农场、劳动智能化学校，初步实现劳动智能精准教学、劳动智能诊断评价、劳动智能教研指导、劳动智能资源供给，引领未来教育融合创新。三是创建劳动教育智能化示范基地学校。看有没有创建区域劳动教育智能化完整体系，包括劳动基础环境系统、劳动技术工具系统、劳动课程教学系统、劳动研究指导系统，发挥示范引领作用。四是创建劳动教育全体系人工智能课程。看有没有强化劳动设计思维、劳动工程思维、劳动创造思维培养，实施5G+智慧劳动教育，提升学生劳动核心技能，满足未来创新人才培养需求。五是创建赋能型劳动教与学新范式。看有没有创建全体系劳动专业资源群和劳动教师、学生、学校核心数据库，支持劳动个性化教学、项目式学习和自适应学习。

总之，对"福·融"劳动教育评价的探索和实践，我们一直在路上。

福田劳动整体教研

一、指导思想

为贯彻落实《教育部关于加强和改进新时代基础教育教研工作的意见》（教基〔2019〕14号）、《广东省教育厅关于建立健全新时代基础教育教研体系的实施意见》（粤教教研〔2020〕1号）、《深圳市教育局中共深圳市委机构编制委员会办公室深圳市人力资源和社会保障局关于印发深圳市教育教学研究体系建设方案的通知》（深教〔2023〕7号）、《福田区教科院整体教研工作方案》等文件精神，围绕立德树人根本任务，将国家《基础教育课程教学改革深化行动方案》细化为区域和各学校深化劳动课程教学改革的"路线图""施工图"，对标一流，先行示范，全面推进劳动教学方式变革，着力解决劳动教育教学的重点难点问题，探索深化劳动课程教学改革的有效实践模式，促进校际、劳动教师之间的交流与合作，不断提升福田区劳动教研水平和质量，提高福田区劳动教师的教育教学水平和创新能力，总结一批具有示范作用、借鉴意义、推广价值的劳动教育典型经验和案例。

二、教研主题

（一）教学设计

围绕"为什么教"和"为谁教"，深刻理解劳动课程的育人价值，落实育人为本的理念，推动生命价值观全面融入劳动教学的各个环节，大力推进综合学习，整体理解和把握"教—学—评"的一致性，聚焦劳动任务群教学和跨学科主题学习，设定劳动教学目标，改革劳动教学过程和教学方法，积极开展主题化、项目式学习等综合性教学活动，把立德树人根本任务落实到具体教育教学活动中。

研制出台《深圳市福田区义务教育劳动新课程教学实施指引》，设计单元整体教学、跨学科主题学习模板和样例，指导各学校研究并完成至少一个劳动典型案例，组织开展劳动教学设计展示交流活动。

（二）命题研究

坚持素养导向，准确把握劳动课程要培养的学生核心素养，全面推进基于劳动核心素养的监测评价，强化监测评价与课程标准、教学的一致性，促进"教—学—评"有机衔接。增强日常表现型评价的育人意识，捕捉学生有价值的表现，因时因事因人选择评价方式和手段，增强评价的适宜性、有效性。优化监测试题结构，增强监测试题的探究性、开放性、综合性，提高监测试题的信度与效度。

（三）课堂教学

将教学设计成果转化为课堂教学与学科实践，创设以学习者为中心的学习环境，凸显学生的学习主体地位，突出劳动思想方法和探究方式的学习，加强课程内容与学生经验、社会生活的联系，加强知行合一、学思结合，倡导"做中学""用中学""创中学"，注重培养学生在真实情境中综合运用知识解决问题的能力。

组织开展国家级、省级精品课评审标准的全员培训，培育一批福田劳动教育精品课，分学段、分片区组织开展劳动课堂教学展示交流活动，提高劳动教师的课堂教学水平和教学研究能力，整体提升福田区劳动课堂教学质量，打造"生命为本、能力为重、实践为基"的福田劳动生命课堂。

（四）作业设计

全面落实国家"双减"政策，开展劳动作业设计研究，提高劳动作业设计质量，发挥劳动作业育人功能，系统设计符合年龄特点和学习规律、体现素质教育导向的基础性作业。实施"大阅读"计划，开展劳动阅读研究，将劳动阅读融入作业设计。创新劳动作业类型方式，加强劳动知识学习与学生经验、现实生活、社会实践之间的联系，注重真实情境的创设，增强学生认识真实世界、解决真实问题的能力。鼓励布置分层作业、弹性作业和个性化作业。积极组织开展劳动作业设计与实施的教师研修活动，全面提高劳动教师作业设计能力，组织开展劳动优秀作业评选与展示交流活动，推动劳动优质作业资源共建共享。

三、教研方式

（一）探索建立劳动整体教研长效机制

按"一月一主题"的思路聚焦劳动教学设计、命题研究、课堂教学、作业设计等关键问题，整体设计劳动教研活动，以学期为周期持续深入开展劳动课程教学研究与交流，建立健全区域教研长效机制。

（二）探索建立横纵联动教研模式

整合教研资源，促进学校之间的交流与合作，形成广覆盖的大教研体系。

（三）探索建立全链条教研工作闭环

优化教研流程设计，建立"标准示范—实践反思—展示交流"的教研闭环。"标准示范"环节由区教科院劳动教研员提供标准、指南、范例、模板等，强化标准引领，规范教研行为；"实践反思"环节以联盟式教研、校本教研为主要方式，开展实践探索，强化过程反思；"展示交流"环节由区域统筹组织开展优秀案例、教研成果的遴选与分享交流。

四、改革创新

（一）总体目标

建立基于上下联动、横向贯通、内外协同的，由"教研员—兼职教研员—学校教研组成员"组成的三级教研体系，实施与职责任务和信息技术发展相适应的"分布式"教研工作方式，努力使劳动教育决策更加科学，区域劳动教育教学质量整体提升，人民群众对劳动教育的获得感和满意度明显提升。

（二）基本原则

1. 围绕主题，明确方向

围绕福田劳动教育高质量发展主题，瞄准劳动教育高质量发展需要解决的主要问题，面向《中国教育现代化2035》战略目标和课堂教学主战场，坚持目标导向、问题导向和结果导向，明确教研创新发展的主攻方向，在关键领域尽快实现突破，努力形成更多的实践特色和更大的竞争优势。

2. 深化改革，创新驱动

遵循教育教学研究规律，破除一切制约创新的思想障碍和制度藩篱，加快兼职教研队伍从单一要素聘任转变为更多依靠创新驱动，三级教研体系建设和福田教育领域综合改革同步发力，从而形成创新动能和支撑创新驱动发展的良好环境。

3. 整体规划，分步实施

考虑全局，兼顾细节，从整体上设计、规划和构建三级教研队伍创新发展体系建设方案，努力实现资源配置最优化，同时突出典型引路，项目先行，分步实施，层层推进，不断优化优先顺序和方案实施。

4. 以人为本，开放融合

坚持以人为本，尊重创新创造的价值，激发三级教研人员的积极性和创造性，加快会聚一支规模适中、结构合理、素质优良的创新型劳动教研人才队伍。坚持以大湾区视野谋划和推动创新，最大限度用好大湾区劳动教育资源，全面提升在大湾区劳动教育创新格局中的位置。

（三）主要任务

1. 推进劳动教研职责改革创新

（1）高质量服务学校教育教学

聚焦劳动教育撬动德育实效、智育水平、体育锻炼、美育熏陶等方面的积极作用，以及课程、教学、作业、评价等劳动育人关键环节，构建区校协同工作机制，实施项目引领，开展示范校或实验校建设，拟每年评选示范校和实验校各五所，推广劳动课程改革和课堂改革成果。开展劳动教学质量评估和视导，引领和推进劳动教育教学改革，全面提升学校劳动教育质量。

（2）高质量服务教师专业成长

加强劳动课程资源建设，组织开发中小学劳动教学资源（含课堂教学的微视频、PPT、教学设计和作业设计样例），创新运用主题教研、教学展示、现场指导等方式，加强劳动教学成果培育与推广，积极探索智慧教研模式，引领劳动教师深入推进新型教与学方式变革，显著提升劳动教师教书育人能力和协同育人水平。拟每年评选和推广区内劳动教学研究成果五项，力争在每届深圳市教学成果奖评比中，至少获得一项市级教学成果奖。

（3）高质量服务学生全面发展

强化学生学习和成长规律探索以及新型学习方式的实践研究，广泛开展劳动技能竞赛活动，积极采用大数据等技术，为学生成长画像，探索学生劳动核心素养评价和劳动技能增值性评价方法，促进学生全面和个性化成长。

（4）高质量服务教育管理决策

围绕教育教学改革发展重大现实问题和战略问题，广泛开展调研和比较研究，积极参与区域劳动教育改革发展规划和标准规范的研究、制定、实施、评估等工作。

2. 推进劳动教研机制改革创新

（1）推进协同机制改革创新

强化对学校课堂教学、作业等常规活动的指导、评价与引领。建立与学校教师常态化联系机制，共建一批劳动学科教研基地，构建联合申报课题机制，打造一批引领性的劳动教学改革成果。强化与劳动学科教研基地的教研合作，全面推进劳动教育教学改革实验。

（2）推进合作机制改革创新

加强与深圳大学等高校、科研院所、社会机构围绕重大劳动教育教学改革项目研究、成果培育开展合作。依托粤港澳大湾区基础教育研究中心，创新粤港澳大湾区教研合作模式。依托大湾区各类教育联盟和姊妹校（园），广泛开展劳动课程改革、教材教法研究、同课异构、优质课展示等高质量劳动教研活动。探索劳动教研帮扶新模式，深入推进"劳动名师课堂""名校网络课堂"建设，充分发挥劳动名师及优质课示范效应，提升受帮扶地区劳动教师专业发展。

（3）推进培养机制改革创新

建立三年一周期的劳动兼职教研员专业能力提升研修制度，确保每年接受累计不少于规定学时的继续教育培训。建设一批劳动研修平台，完善以劳动专项研修和课标、教材研修为主的常态化研修体系。打造云端智慧教研和学习共同体。支持兼职教研员通过合作研究、访学等方式提升劳动教研水平。

3. 推进劳动教研制度改革创新

（1）推进劳动兼职教研员聘任制度改革创新

劳动兼职教研员聘任制度是劳动三级教研体系工作的"牛鼻子"。新聘劳动兼职教研员应：①政治素质过硬。牢固树立"四个意识"，坚定"四个自信"，坚决做到"两个维护"，认真贯彻党的教育方针。②事业心和责任感强。有教育理想和教育情怀，热爱教研工作，自觉为提高基础教育质量贡献智慧。③教育观念正确。遵循教育规律和学生身心发展规律，坚持德智体美劳全面培养，积极践行素质教育。④教研能力较强。具有扎实的教育理论功底，教学经验丰富，原则上应有六年以上教学工作经历，具有中级以上教师专业技术职称，在教育教学上取得优异成绩。⑤职业道德良好。遵守教研工作学术道德，作风民主，有较强的服务精神，善于听取和总结基层经验，勇于探索教育教学改革创新。⑥学历层次高。原则上应具有研究生及以上学历。⑦其他条件优秀。包括身体健康、年龄一般不超过45周岁等。

（2）推进劳动三级教研人员考核制度改革创新

一是突出以德为先。坚持把政治标准摆在首位，重点考核深入学习贯彻习近平新时代中国特色社会主义思想，增强"四个意识"、坚定"四个自信"、做到"两个维护"等情况，以及师德师风、学术规范、廉洁自律等情况。二是强化绩能考核。强化对相关人员履职能力、工作成效等的考核，重点考核工作态度、事业心和出勤率，以及履职尽责特别是应对重大任务、突发事件过程中的专业素养及成果成效。三是实行分类考核。针对各类人员的不同岗位职责，采用不同的考核评价指标，实施差异化考核，激励担当作为，严厉治庸治懒。

（3）推进劳动三级教研体系工作制度改革创新

进一步增强"围绕中心、服务大局"的主动性、积极性和创造性。将教科院的重点工作任务实施进度计划、时间安排等绘制成"落实进度表"，实施"挂图推进、对标落实"的工作方式，以"图"管项目、抓项目、推项目，强化指导、统筹推进，同时按照进度明确实施项目、工作内容及责任人等，定人定责，实时跟踪进度，分头推进，集中攻坚，最终全面实现既定任务目标。

4. 推进劳动教研体系改革创新

（1）推进"教、研、测、评"一体化改革创新

坚持"基于问题解决，有效聚焦课堂"的基本原则和"以教育带教研，

以教研助测评，以测评促发展"的工作思路，推进"教、研、测、评"一体化改革创新。一是基于问题解决，启动劳动课堂教学改革行动研究。针对劳动课堂教学观念落后、课堂教学效益不高的突出问题，把劳动课堂教学改革作为重中之重来抓，及时调整教研测评的工作思路，全力开展针对性教研测评活动。二是组织主题教研，开展系列化劳动课堂教学改革教研活动，使劳动学科教师在互动中生成，在碰撞中启迪，提高对劳动课堂教学改革的认识，发挥互通信息、共商对策、矫正偏差、经验共享的作用，保证劳动课堂教学改革的正确方向。三是有效走进课堂，促进教研成果的现实转化，探索实践"三级推广—经验共享—走进课堂"一体化的教研成果应用推广机制。四是采取多种方式，激发教研测评的改革活力。瞄准世界教育测评理论和测评实践的最前沿，增强兼职教研员的专业素质；瞄准测评的关键领域，树立"测评指向学习，测评为了学习，测评也是学习"的改革理念，让测评具有更多的反哺教与学的效能；借力高水平研究机构，推动测评改革走向深入；鼓励部分兼职教研员先行先试，激发更多团队成员的改革意愿和动力，形成比学赶超的工作格局。

（2）推进"教研和信息技术深度融合"改革创新

以"互联网+教育"作为推动福田劳动教育综合改革发展的强引擎，建立具有福田特色的与中心城区地位相称的智能劳动教育教学服务体系，建设开放、高效、绿色的"福田AI赋能劳动教育"新生态。积极总结在线教学和在线学习经验，并提炼优化，以"智慧劳动课堂"作为推动福田"劳动课堂变革"的强引擎，开启"全息未来教育"新征程，让学生主动学习、合作学习、深度学习、智慧学习、无边界学习。定期组织实验学校交流、分享劳动教学智慧，推出典型经验，实现教与学真正"翻转"，让信息技术融合应用变成劳动课堂教学的常态。

"福·融"劳动价值教研

教育部在《关于加强和改进新时代基础教育教研工作的意见》中指出：新时代基础教育教研工作，要服务学校教育教学、服务教师专业成长、服务学生全面发展和服务教育管理决策。那么，劳动教研怎样发挥好服务的功能和作用呢？《劳动新课标》的颁发，给了劳动教研员们思考、探索和回答这个问题的契机。

在深圳的中心城区——福田，我们通过确立"大教研""整体教研"和"深度教研"的思想，结合区域劳动教育与劳动实践的新特点和未来发展的新需求，遵循从"饥饿逻辑"到"梦想逻辑"的劳动教研新逻辑，创造性地提出了形象生动而又不断迭代升级的"福·融"教研新理念，以发展学生核心素养、促进教师专业发展和形成区域高阶教研模式为劳动教研新目标，以"主题引领、共研愿景，志趣相投、共创心流，任务集群、共享自由"为劳动教研新特征，服务和驱动了区域教育高质量发展。正如教育部义务教育劳动课程标准组组长南京师范大学劳动教育研究院院长顾建军教授所说："福田劳动教研，通过诠释劳动教育主张、循证劳动教育价值和追求劳动教育信念，正走在绘就'五育'融合和'五育'并举同心圆的正确道路上。"

一、主题引领、共研愿景，"福·融"教研诠释劳动教育主张

"福·融"劳动教研是"有愿景"的教研，有其鲜明的目标和使命。

这种愿景也在确立并诠释其"宏大主题""逻辑主线"和"核心主张"中清晰可见。这个"宏大主题"就是"福·融"教研探寻的是赋能劳动教育的主张、价值与信念;这条"逻辑主线"就是福田劳动学科建设遵循从"福·融"教研先驱动"福·融"教学、再驱动"福·融"课程、后驱动"福·融"教育的路线;这种"核心主张"就是提出了"福·融"教研要依据福田劳动教育的区域特点、以"福"为方向和愿景、以"融"为方法与手段,引领特区老师为追求和获得幸福人生而进行教育教学研究活动。

那么,"福·融"教研能够成为赋能福田劳动教育的核心主张吗?这需要发挥教研的智慧,从历史、时代、区域三个维度对"福"和"融"两个方面进行深度解读。

（一）从历史的维度进行理然解读：劳动是幸"福"之本，"融"造是进化之门

循着历史唯物主义的教研视角,我们知道,劳动创造了人。人和动物的根本区别是劳动,因为是劳动使人学会了使用工具、有了思想以及产生了思想的外在形式——语言,也是劳动使人类产生了生产关系并且形成了社会。因此,对于人这样一个追求幸福的生命而言,劳动自然也是他追求和获得人生幸福的本源之所在。

循着历史唯物主义的教研视角,我们也知道,劳动是人类谋生的手段。人类依托自然给予的资源以及通过改造自然而创造的物质生活资料使自己生存下来。但自然所给予的资源是有限的,因此,人类一方面要改造自然,另一方面又不能无限制地开发自然,而需要融入自然,注意和自然的和谐相处,在这看似矛盾而又并不矛盾的处理过程中,"融"造也成了人类的进化之门。

循着历史唯物主义的教研视角,我们还知道,劳动是人的本质。作为人之本质的劳动,自然应该成为人生命之幸福的一种状态、一种样态,或者是一种生活方式。同样,作为为了使"人之更幸福地为人"的劳动教育,也是教育中的最原本、最原初的教育形态或教育生态。

所以，"福·融"劳动教研是对人自然本性和社会性确证的教育教学研究活动，通过对它的深度智慧解读，我们能够得出："福·融"劳动教研，能够赋能和支撑这种劳动教育的形态或者生态，也能够成为统领区域劳动教育的核心主张。

（二）从时代的维度进行应然解读：劳动是幸"福"之源，"融"贯是育人之道

循着时代的教研视角或者中国式现代化的教研视角，我们认真学习习近平总书记对劳动、劳动者和劳动教育的重要论述。习近平总书记强调，"劳动是财富的源泉，也是幸福的源泉""必须牢固树立劳动最光荣、劳动最崇高、劳动最伟大、劳动最美丽的观念"，这是关于新时代中国特色社会主义劳动观的重要论述，也是新时代劳动教研价值取向的根本遵循。不难理解，一方面，劳动给人类社会创造出源源不断的财富，让人们过上幸福美满的生活，同时更给人提供了持续幸福的源头活水；另一方面，弘扬劳动的价值，就要弘扬诚实劳动的取向和奋斗奉献的精神。

循着时代的教研视角或者中国式现代化的教研视角，我们认真落实中共中央、国务院《关于全面加强新时代大中小学劳动教育的意见》的要求："把劳动教育纳入人才培养全过程，贯通大中小学各学段，贯穿家庭、学校、社会各方面，与德育、智育、体育、美育相融合，紧密结合经济社会发展变化和学生生活实际，积极探索具有中国特色的劳动教育模式。"充分了解和深刻理解加强新时代劳动教育必须坚持"融贯"与"融合"的原则，在"融"的过程中，加强新时代中国特色社会主义劳动观的教育，并且通过劳动观的教育，促进学生形成新时代中国特色社会主义的核心价值观。

循着时代的教研视角或者中国式现代化的教研视角，我们认真借鉴中外教育家关于劳动和劳动教育的重要理念，不断提高对劳动教研和劳动教育的认知。苏霍姆林斯基就说过："劳动会带给人精神创造的幸福。"由此可见，幸福不仅是劳动教育的重要目的，更应是劳动教育的深层次体验和可能性实现。

所以，"福·融"劳动教研是对人幸福追求的时代性和当下性确证的教育教学研究活动，通过对它的深度智慧解读，我们能够得出："福·融"劳动教研，能够落实新时代中国特色社会主义劳动观，也能够成为统领区域劳动教育的核心主张。

（三）从区域的维度进行实然解读：福田是有"福"之地，"融"创是特区精神

循着区域的教研视角，我们可以感知到，党和国家赋予深圳建设中国特色社会主义先行示范区的重大历史使命，要求深圳奋力打造民生幸福标杆，实现"幼有善育，学有优教"。

循着区域的教研视角，我们也可以感受到，福田区有着"首善之区、幸福福田"的发展定位，福田教育也有着"让每一个孩子幸福成长"的教育理念，而福田教研则通过培育"热带雨林式"劳动教育改革新生态，构建基于学生生命价值观的劳动课程新体系，鼓励学校将校园和教室定义为劳动学习空间、劳动生活空间和社会交往空间，研制劳动知识和项目图谱、劳动核心素养评价样本库和劳动差异化学习路线图，开展"教—学—评"一体化和数字化转型应用等研究，为学生成长画像，实现劳动课程群与劳动学习任务群的个性化选择、劳动作业练习评价的精准推送。力求人人都有不一样的劳动学习课表、方式、发展，目的就是守护好每个"福娃"的成长与幸福，以高质量劳动教研赋能高质量的教育发展，不断提高辖区人民群众对教育的获得感和幸福感。

循着区域的教研视角，我们还可以感悟到，福田教研的实践和探索，丰富了从"改革开放"到"敢闯敢创"，再到"融合创新"的"新时代深圳精神"，"融"创为这座城市劳动教育叩响了新时代教育的最强音，为特区教育事业砥砺前行提供了一种强劲的精神动力和精神力量。

所以，"福·融"劳动教研是人融合成长的区域性和未来性确证的教育教学研究活动，通过对它的深度智慧解读，我们能够得出："福·融"劳动教研，能够结合区域劳动教育的新特点和未来发展的新需求，也能够成为统领区域劳动教育的核心主张。

例如，我们很好地开展了"福·融"劳动教研推动福田劳动教育的案例研究工作。2023年12月，广东省深圳市教育局组织开展了首批深圳市劳动教育示范学校的申报评选工作，这就需要各校运用案例研究的手法，对申报评审材料进行构思和书写。在通常情况下，案例构思和书写需要确定主题，这个主题可以是各校紧扣案例自选的主题，也可以是统一的区本教研主题："福·融"劳动教研，我们选择了后者，结果福田区不仅有8所学校被评为首批深圳市劳动教育示范学校，全方位展现了福田区劳动教育的案例特色，而且以此为契机，也推动了"福·融"劳动教研工作的走深走实。

二、志趣相投、共创心流，"福·融"教研循证劳动教育价值

"福·融"劳动教研是"有风景"的教研，这种劳动教研在关注"流程图""生态群"和"贯通链"的研究过程中移步换景，把各自为政的"盆景"发展成连片的"风景"。关注"流程图"就是对"核心素养—逆向设计—真实场景—任务驱动—合作探究—展示反馈—迁移应用"的劳动教学流程的关注；关注"生态群"就是要通过围绕"任务群"而开展教育教学研究活动的生态，形成丰富多彩的跨学科主题学习、项目式整体学习等新学习方式呈现的生态；关注"贯通链"是指由注重对教育教学的单个方面、单个层级的研究，转向注重对教育教学各种链接、各个层级的教育教学研究。

"福·融"劳动教研并不反对对"局部"和"细节"的关注，因为在很多的时候，教研工作在强调整体贯通的前提下将注意力缩小到一系列明确的目标上时，反而会沉浸其中并感受到高阶、深度的参与感、专注度和吸引力。只有当我们知道了整体应该做什么和局部正在做什么时，才能从所做的

事情和过程中得到反馈，如果这个反馈，能给予我们享受的感觉，便在我们的心中产生了心流。

那么，能够将心流确立为"福·融"教研聚焦劳动教育价值的理想定位吗？这需要发挥教研的力量，从心流的发生、发展和保持的路线上，加以探寻。

（一）聚焦劳动核心素养价值，让"福·融"教研产生心流

当教研聚焦劳动核心素养价值时，我们可以看到，对于作为在劳动教育和实践中逐渐形成的，对劳动、劳动者、劳动成果等方面的认知和总体看法，以及在此基础上形成的基本态度、情感和价值观的"劳动观念"而言，其指向"冲动""理解""偏爱"等，能够产生心流。

当教研聚焦劳动核心素养价值时，我们可以看到，对于作为"顺利完成与个体年龄及生理特点相适宜的劳动任务所需的胜任力"或"个体的劳动知识、技能、行为方式等在劳动实践过程中的综合表现"的"劳动能力"而言，其指向"习性""潜力""创造"等，能够产生心流。

当教研聚焦劳动核心素养价值时，我们也可以看到，对于作为"通过经常性劳动实践形成的相对稳定行为倾向、习惯和品格特征"的"劳动习惯和品质"而言，其指向着"倾向""感情""喜好"等，也能够产生心流。

当教研聚焦劳动核心素养价值时，我们还可以看到，对于作为"在劳动观念、劳动能力、劳动习惯和品质的培养过程中形成和发展的，在劳动实践过程中秉持的关于劳动的信念信仰和人格特质"的"劳动精神"而言，其指向"心态""嗜好""信仰"等，还能够产生心流。

所以，"福·融"劳动教研是具有因果性功能和解释性地位的教育教学研究活动，用"产生心流"来进一步聚焦培养学生的劳动核心素养价值，应该是劳动教育价值追求的理想定位。

（二）体验劳动实践情感价值，让"福·融"教研发展心流

教研要体验劳动实践情感价值，就要突出劳动实践的实践性，让学生"动手实践、出力流汗并且接受锻炼、磨炼意志"，这个实践、流汗和锻炼的劳动实践过程，能够发展学生的心流。

教研要体验劳动实践情感，就要注重劳动实践的参与性，让学生"手脑并用、知行合一和学创融通""做中学""学中做""创中学""学中创"，这个参与、学创和融通的劳动实践过程，能够发展学生的心流。

教研要体验劳动实践情感价值，也要强调劳动实践的过程性，引导学生"从现实生活的真实需求和真实情境出发，亲明需求和亲历情境、亲手操作和亲身体验，经历完整的劳动实践过程"，这个完整劳动实践的经历、操作和体验的过程，也能够发展学生的心流。

教研要体验劳动实践情感价值，还要彰显劳动实践的体悟性，引导学生"通过设计、制作、试验、淬炼、探究等方式获得丰富的劳动体验，习得劳动知识与技能，感悟和体认劳动价值，培育劳动精神"，这种体悟、内化和外显的劳动实践过程，还能够发展学生的心流。

所以，"福·融"劳动教研是具有实践性和情感性诉求的教育教学研究活动，用"发展心流"来进一步体验劳动实践情感价值，也应该是劳动教育价值追求的理想定位。

（三）探索劳动评价创新价值，让"福·融"教研保持心流

探索劳动评价创新价值，我们注重美国教育家泰勒"行为目标模式"的评价，即以目标作为评价活动的核心和依据。如果把要评价的内容分成具体可见的、可操作的行为目标的话，教育评价就是判断实际活动达到目标的程度，最终得出一个可靠的并且符合逻辑的结论。所以，评价具有诊断、导向、激励、鉴定和引导等功能，发挥好评价的这些功能，能够保持学生的心流。

探索劳动评价创新价值，我们也注重在评价的"三多"原则即"内容多维、方法多样和主体多元"的基础上，发挥保持学生心流的积极作用。

探索劳动评价创新价值，我们还注重在评价的"四维空间"上保持学生的心流，即在"注重对过程的观察、记录、计算与分析"的"基于证据的评价"中保持学生的心流;在"关注学生各个方面、各个层面真实发生的进步"的"增值评价"中保持学生的心流;在"加强对话、交流和协商,提高评价双方总结、反思、改进意识和能力,寻求共识"的"协商式评价"中保持学生的心流;在"关注典型行为特征,注重动手操作过程、作品展示和口头报告呈现等多种形式的综合运用"的"表现性评价"中保持学生的心流。

所以,"福·融"劳动教研是具有多中心和多样化特征的教育教学研究活动,用"保持心流"来进一步探索劳动评价创新价值,还应该是劳动教育价值追求的理想定位。

例如,我们发挥"福·融"劳动教研的作用,推动了以"饺子"为主题的大单元项目式学习活动。饺子,作为中华民族最具代表性的传统美食之一,在每一位中华儿女的心中,它不仅是美食,更蕴含着中华民族对家国文化的尊重和热爱,以及对美好生活的向往。在"花式蒸饺的制作"这一课时,我们以了解饺子、动手制作饺子为出发点,以小组协作为活动形式,引导学生动手动脑参与劳动,培养学生观察、分析、解决问题的能力,让学生在学习的同时,懂得"美好的生活"是由劳动创造的,感受到劳动带来的快乐与愉悦,大部分学生都产生了心流。

三、任务集群、共享自由,"福·融"教研追求劳动教育信念

"福·融"教研是"有光景"的教研,这种教研具有"整体性""建构性""圈群性"等研究特点和关键特征。"整体性教研"源于整体意识,依据整体思维,是对"整体优于部分""整体重于部分"和"整体大于部分之和"的重新认知,重视以整体、全面和体系的视角来审视与把握劳动教研工作,强调目的、行动、反思和评价之间闭环动态生成的教育教学研究活动;"建构性教研"是基于以"任务群"为基础的"大单元""大概念""大情境"和"大任务",遵循"总分总"的原则,从"整体建构"到"局部解构"再到"整体建构"的教育教学研究活动;"圈群性教研"是聚焦特定主

题、项目或任务，由志趣相投的学校科组自动结成"圈"或"群"，开展的联盟式、协作式的教育教学研究活动。

那么，"福·融"教研追求的劳动教育信念是什么？这需要发挥教研的情怀，在"大教育观""大课程观"和"大学科观"等"大观念"的教研视域下进行系统思考。

（一）在"大教育观"视域下思考劳动教育信念

"福·融"教研是需要"大教育观"的，从"大教育观"的教研视域来思考劳动教育，可以看出，劳动教育是基于"终身教育"的一种教育观。

当沿着"大教育观"的教研视域，重新思考一个教育命题——"教育只有一个主题，那就是五彩缤纷的生活"时，我们不难发现，生活的舞台有多大，劳动教育的舞台就有多大；生活的时间有多长，劳动教育的时间就有多长。在"大教育观"教研视域下追求劳动教育信念，就要看到劳动教育不仅在时间上贯穿人生全程，在空间上也贯通人生全场域，最终目标是改善人的生活境况，提高人的生命质量。因此，我们不必刻意追求所有的劳动都有意义，而认为有意义的劳动范畴远远大于传统思想和传统教育对劳动认知的范畴，始终保持劳动"对培养学生适应未来发展的正确价值观、必备品格和关键能力，明确人生发展方向，成长为德智体美劳全面发展的社会主义建设者和接班人"的敏感性，就是在"大教育观"教研视域下追求劳动教育信念之所在。

所以，"福·融"劳动教研是具有"大教育观"的教育教学研究活动，追求的是让自由自觉成为区域劳动教育信念的终极境界。

（二）在"大课程观"视域下认知劳动教育信念

"福·融"教研是需要"大课程观"的，从"大课程观"的教研视域来认知劳动教育，可以看出，"福·融"劳动教育是基于"课程包含教学"的一种教育观。

沿着"大课程观"的教研视域，重新认知劳动课程，我们会发现，劳动课程本质上是一种劳动教育的进程，它不仅存在于劳动"观念状态"之中，更存在于劳动"实践状态"之中。有人说："天地间万事万物，一切的一切与学生生命成长有关的认知和活动的总和，都是孩子生命成长的劳动课程内容。"在"大课程观"的教研视域下，我们始终保持"以丰富开放的劳动项目为载体，有目的、有计划地组织学生参加日常生活劳动、生产劳动和服务性劳动，培养学生正确的劳动价值观和良好的劳动品质"的坚定性，就是在"大课程观"教研视域下认知劳动教育信念之所在。

所以，"福·融"劳动教研是具有"大课程观"的教育教学研究活动，追求的也是让自由自觉成为区域劳动教育信念的终极境界。

（三）在"大学科观"视域下探索劳动教育信念

"福·融"教研是需要"大学科观"的，从"大学科观"的教研视角来探索劳动教育，可以看出，劳动教育是基于"劳动是人成为人的需要"的一种教育观。

沿着"大学科观"的教研视域，重新探索劳动教育，我们发现，可以不必期待通过劳动教育，使劳动成为学生未来的某个职业，甚至不必期待要进行劳动教育就要开发劳动教育的课程，而让劳动自然而然地发生和发展。在"大学科观"的教研视域下，始终保持"挖掘劳动在树德、增智、强体、育美等方面的育人价值，引导学生树立正确的劳动价值观，崇尚劳动、尊重劳动，增强对劳动人民的感情，成为懂劳动、会劳动、爱劳动的时代新人"的意识性，就是在"大学科观"的教研视域下探索劳动教育信念之所在。

所以，"福·融"劳动教研是具有"大学科观"的教育教学研究活动，追求的还是让自由自觉成为区域劳动教育信念的终极境界。

例如，我们很好地开展了"福·融"劳动教研推动劳动周课程的设计、实施和评价工作。中国是茶的故乡，茶是中华民族的举国之饮。广东是茶文化的发祥地，茶文化在这里长盛不衰、传遍全球。为了传承中华民族传统的茶文化，我们要求有条件的学校，发挥"福·融"劳动教研的作用，以培育有序、有礼、有趣、有责、有蕴全面发展的新一代小公民为目标，围绕"茶韵童心"设计和实施劳动周课程。

"福·融"劳动教研推动劳动周课程的设计、实施和评价工作，极大地推动了劳动学科教师对"大教育观""大课程观"和"大学科观"的理解，促进了劳动学科教师的专业发展。

总之，深圳市福田区牢固树立"大教研""整体教研"和"深度教研"的思想，实现了由零散、碎片、孤岛的"散·碎"教研向体系、结构、群岛和有愿景的、有风景的、有光景的"福·融"教研的转变，赋能、服务和驱动了区域教育高质量发展。

"福·融"劳动教育品牌建设纲要

劳动教育作为一种独特的教育主题、课程形态和学科内容，不仅是培养学生创新精神和实践能力的有效载体，也是帮助学生建立正确的劳动观念、社会责任感和发展核心素养的必要途径。福田教育人积极构建和培育"福·融"劳动教育品牌，在推动"五育"并举、全面育人、培养德智体美劳全面发展的中国式现代化的建设者和接班人方面发挥了重要作用。

一、思想与指引："福·融"劳动教育品牌的构建和培育的高度

品牌的构建和培育离不开正确的思想指导，"福·融"劳动教育品牌的构建和培育，以《基础教育课程教学改革深化行动方案》和《广东省基础教育高质量发展示范区实施方案（2023—2025年）》为指导，以贯彻党的教育方针、落实立德树人为根本任务，以深化改革为根本动力，以促进学生核心素养的发展为目标，通过加快建设高质量的"福·融"劳动区本课程体系，持续助力福田教育高质量发展。

二、重点与思路："福·融"劳动教育品牌的构建和培育的深度

品牌的构建和培育离不开突出的重点与科学的思路，"福·融"劳动

教育品牌的构建和培育，以"聚焦新课程理念、聚焦新教师微课堂、聚焦优教师精品课"这"三个聚焦"为重点，以体系化和结构化为思路。一是构建区、校、组三级教研体系，提高劳动教师的劳动教育教学水平；二是以"理论培训+精品课堂+校外实践"的一体化模式推进劳动教育的开展与落实，建构高质量的劳动课堂，以劳动项目为载体，实现家校社协同育人；三是以"竞赛+"的思路进行劳动学科优秀教师和学生优秀作品的选拔与推送，同时发挥该学科优秀教师的示范引领作用。

三、路径与举措："福·融"劳动教育品牌的构建和培育的力度

（一）组建团队建构课程

"福·融"劳动教育品牌的构建和培育以"片区+集团+劳动教育特色校"的组合方式，组建劳动学科的兼职教研员10人，实现高质量的教研团队引领，实现分区域的辐射指导。结合教学教研情况，组建劳动教师核心团队成员15人，用优秀影响优秀。依托教科院领导和课程部专家的智库指引、依托劳动示范校与劳动教育特色校的榜样示范、依托劳动兼职教研员和核心团队成员的集体智慧，进一步建构"福·融"劳动课程体系，以创意创新创造为导向，扎根课堂，延展课外，指向未来，让劳动课不停留在劳动表面，而是落实到劳动教育中。进一步开发区域的劳动教育样板，搭建"脚手架"，做好区域托底建设。建设一校一案例、一校一特色、劳动周案例、劳动清单案例指引等。

（二）理论培训深度教研

"福·融"劳动教育品牌的构建和培育聚焦新课程理念，课程是由教材、教师与学生、教学情境、教学环境构成的一种生态系统，不仅是文本课程，更是体验课程。新课程标准深化课程改革中提倡，要综合育人、实践育人，大单元学习、项目式学习、探究性学习是实现综合育人的一些基本途

径。劳动教育以劳动项目为载体，更能聚焦项目式学习、探究式学习等学习方式的转变，我们可以探究与实践。聚焦新课程理念，我们每月开展一次线上教研，对新课程教学进行理论培训，以邀请专家讲座+教学案例分析的形式提升老师们的理论与实践水平。

"福·融"劳动教育品牌的构建和培育聚焦新教师微课堂，课堂是教师和学生共同探求新知的过程，是学生获得知识自我建构的过程。我们开展微型课堂教学环节的同课异构，从课件制作到板书设计，从课堂活动到重难点处理，通过不同的方式让老师开展各自的教学环节。同时，本学科的所有教师要对此课进行听课、评课、发表看法、提出改进的意见，找到上好这一节课的最佳模式。聚焦新教师微课堂，我们开展每学期两次的新教师微课堂活动，采用"兼职教研员片区推荐+同课同环节微型课堂展示+教师课后反思心得"的形式开展。每位教师对同一节课、同一个教学环节，仁者见仁，智者见智，各显其能，殊途同归，更好地激发老师参与课改、深入课改的积极性和创造性。

"福·融"劳动教育品牌的构建和培育聚焦优教师精品课，我们根据教育部组织开展"基础教育精品课"遴选工作的要求，以激发教师教学热情、汇集优质教学资源、服务学生教师使用和促进优质均衡发展为目标，以融合应用现代信息技术为取向，创新教学方式方法，提高课堂教学质量和教育教学能力，展现了新时代福田劳动教师的风采。聚焦优秀教师精品课，我们采用教师自主报名、教研员下校调研指导，然后再择优全区分享展示的形式，每学期打算培育四节精品课，分两次展示，以"上课展示+说课+专家点评"的形式教研，提升老师的教学能力，打造精品课堂样板。同时，我们还通过"理论培训+精品课堂"，挖掘并打造一批高素质的劳动教师，推动福田教师的高质量发展，推动区域教师实现中等及优秀以上的水平，并能推送优秀教师参与市级以上的精品课、名师课展示活动。

"福·融"劳动教育品牌的构建和培育聚焦开展区域联动教研，通过与其他区联动，不同学校、不同教师之间的合作与交流，促进教师专业素养和教学水平的提高，推动教育教学质量的全面提升。这对于推动教师专业发展、促进教育教学改革具有重要意义。

"福·融"劳动教育品牌的构建和培育聚焦关注与时俱进新动态，充分利用核心团队成员的集体力量，每人每周一篇劳动教育新动态文章，分享到福田区劳动教师群。同时，教研员及时向老师们推送相关教研和优质课培训、视频、文章等资料。

（三）以赛促研竞显技能

"福·融"劳动教育品牌的构建和培育，注重以赛促研、竞显技能。一是结合省市的教师技能大赛，开展本区的比赛，选拔优秀人才，专项培养；二是开展劳动教育的论文比赛并将优秀论文线上分享，提升老师的理论认知，择优汇编成册，形成福田区学期论文集；三是开展劳动案例设计比赛，以结果为导向，促进教学过程的实施，择优汇编成册，形成福田区学期劳动案例集；四是开展"劳动圳少年"视频活动，评选"劳动小达人"，将学生的劳动能力、劳动品质、劳动精神等素养，通过劳动成果进行展示。

（四）校外劳动善美实践

"福·融"劳动教育品牌的构建和培育，注重与社区联合，鼓励学生到社区做公益活动，体验生活，奉献爱心；与深圳的大型企业联合，如到华为、腾讯、华侨城、海运集团等各大公司去参观学习，让学生体验高科技的发展，在心中种下一颗用劳动创新创造未来的种子。

四、基地与案例："福·融"劳动教育品牌的构建和培育的效度

"福·融"劳动教育品牌的构建和培育工作，在2023年12月深圳市教育局组织开展的首批深圳市劳动教育示范学校申报评选中，取得了丰硕的成果。福田区劳动技术教育中心、华强职业技术学校、深圳明德实验学校、上

步中学、华新小学、荔园外国语小学（天骄）、东海实验小学（竹园）、荔园教育集团（百花）八所学校被评为首批深圳市劳动教育示范学校，全方位展现了"福·融"劳动教育品牌的构建和培育的特色。

其中，福田区劳动技术教育中心是全市开办时间最早、课程门类最丰富、课程参与率最高的学生劳动实践基地。中心始终聚焦教育高质量发展，不断探寻在新时代背景下劳动课程扎实推进的有效途径，优化课程结构和类型。一方面，致力于传统劳技课程的内涵提升，使学生在烹饪、陶艺、剪纸等项目的劳动过程中，不仅能够学习生活技能，更能够体会劳动中蕴含的独特智慧和人类创造力，装点生活，传承文化；另一方面，着眼于新时代新形态劳动，在当下以大概念教学、探究式学习、学科间统整为主基调的教育改革背景下，中心依托福田区教育局与中国教育科学研究院的合作项目——"内地—香港STEM教师研修中心"（福田），倾力打造更适合福田学生的STEM2.0版本融合统整课程，还原生活真实情境，构建真实体验场域，通过项目有机串联生活劳动、生产劳动和服务性劳动，使之形成紧密结合的共同体，让德智体美劳"五育"有机融合，构建现代劳动教育新的课程格局。

华强职业技术学校是广东省首批"三全育人"典型学校建设单位、广东省第三批中小学劳动教育基地、深圳市首批劳动教育示范学校。学校一方面注重"五育"融合并举，立足福田区现代服务业产业需求，注重将新技术、新工艺、新规范、新操守等内容纳入劳动教育全过程，设有现代服务业技能实训基地，如美术美工专业教室、调酒咖啡制作室，以及酒店服务训练基地、航空服务、无人机训练等场所，各类实训室配套齐全，软硬件设备紧跟产业前沿。另一方面坚持"职业导向、校企合作、理实一体、文化融合"的劳动课程建设理念，开发了"模块化、厚基础、多方向"的现代服务业劳动实践课程，包括航空服务、餐饮服务与管理、咖啡服务、客房中式铺床、网络布线、实用美术设计等，充分体现了职教特色，重视培养学生的劳动观念、劳动精神、劳动能力和创新意识，提升学生实践能力和社会责任感，成为懂劳动、会劳动、爱劳动的时代新人。

　　总之，"福·融"劳动教育品牌的构建和培育已经进入了高质量发展的阶段，劳动教育很幸运地站在了高质量发展的起跑线上，接下来将从课程、课堂、课外实践等多方面去推进劳动教育的开展。做有深度的教研，搞有品质的活动，不断完善"福·融"劳动教育品牌。"路漫漫其修远兮，吾将上下而求索"……

案例研究助推"福·融"劳动品牌建设

在教育研究者的眼中，劳动教育不仅是一门新兴学科，更是一种新的研究方式，针对当下劳动教育的现状，劳动教育研究迫切需要加强案例研究并提供精彩的案例样本。

一种主旨：基于劳动育人的活动驱动

案例研究，具有个别化和个性化的特点。所谓个别化，就是不同类别的学校甚至不同的学校进行的研究有其不同的特征；所谓个性化，就是不同的人或组织进行的研究也有其不同的特点。但是，案例研究首先需要有鲜明的主旨，即要回答为什么要进行这次案例研究。

为构建大中小学一体化劳动教育体系，持续发挥劳动教育树德、增智、强体、育美的综合育人价值，2023年12月，广东省深圳市教育局组织开展了首批深圳市劳动教育示范学校的申报评选工作。这次申报评选工作无疑具有一种主旨：基于劳动育人的活动驱动。而参加申报的每一所学校，也呈现了各校开展劳动教育丰富多彩的案例研究。我们认真组织了这次工作，经过初评申报、现场评议、实地考察等程序，福田区有8所学校被评为首批深圳市劳动教育示范学校，全方位地展现了福田区劳动教育主张、劳动课程体系建设和劳动教育日常管理等案例研究的特色。

例如，深圳市福田区劳动技术教育中心成立于1997年1月，是深圳市开办时间最早、课程门类最丰富、课程参与率最高的学生劳动实践基地。在新的历史时期，中心始终聚焦劳动教育高质量发展，不断探寻在新时代背景下劳动课程扎实推进的有效途径，优化课程结构和类型，也成为福田区各学校分别前往开展劳动教育学习周的品牌基地。虽然是一个中心或者基地，但其在劳动育人的活动驱动下，积极申报参加劳动教育示范学校的评选，以"传统之福"和"现代之融"两个方面的特色，顺利获评首批深圳市劳动教育示范学校。

一个主题：基于区域特征的教育主张

案例研究需要确定主题，主题需要紧扣案例，也可以在教育主题的引领下进行案例研究。在这次申报评选工作中，我们选择了后者。因为在此之前，我们就根据区域特点和劳动教育的特征，进行了区本劳动教育的顶层设计，确立了"福·融"劳动为福田区的劳动教育主张，并且对"福·融"劳动下了一个区本定义："福·融"劳动就是依据福田教育的区域特点、以"福"为方向和愿景、以"融"为方法与手段，引领学生追求和获得幸福人生的劳动教育。于是，我们就要求所有的学校原则上都要遵循"福·融"劳动的主张，撰写案例研究报告。事实证明，我们的想法是对的，有区本教育主张的案例和没有区本教育主张的案例大为不同，有区本教育主张的案例呈现出全区劳动教育的思想灵魂、完整生态和品牌建设。

例如，深圳市福田区华强职业技术学校在"福·融"劳动教育主张的引领下，注意用"五育"并举引领学生追求和获得幸福人生，同时立足福田区现代服务业产业需求，注重将新技术、新工艺、新规范、新操守等内容纳入劳动教育全过程。学校坚持"校企合作、文化融合"的劳动课程建设理念，开发了"模块化、厚基础、多方向"的现代服务业劳动实践课程，提升学生实践能力和社会责任感，使其成为懂劳动、会劳动、爱劳动的时代新人，体现了学校在"福·融"劳动教育主张引领下的思想灵魂、完整生态和品牌建设。

一条主线：基于真实场景的问题解决

案例研究需要一条主线贯通前后，关键是寻找一条什么样的主线。这条主线，可以是有组织、有目的、有计划、有程序的操作步骤主线，也可以是在真实场景中，围绕发现问题、设计解决问题的方案、合力解决问题、形成解决问题的产品并对产品进行评价的主线。我们强调，可以采用两条线索同时并进的办法，使得劳动教育示范学校的案例研究既有温度，更有深度，为以后的案例研究树立了很好的品牌范例。

例如，华新小学坐拥笔架山公园，在这个真实的场景中，有400多种中草药。学校充分利用得天独厚的地理优势，树立"公园亦是课堂"的劳动教育理念，深度挖掘笔架山公园的劳动教育资源，以春耕、夏耘、秋收、冬藏二十四节气的时间为明线，以认识中草药、种植中草药、加工中草药、弘扬中草药文化为暗线，从"课本"到"生活"、从"认知"到"实践"，围绕发现问题、设计解决问题的方案、合力解决问题、形成解决问题的产品并对产品进行评价，让劳动教育实现了健全身心、滋养童年的美好愿景。

一套主架：基于"三融三合"的故事叙述

案件研究离不开故事叙述，而故事叙述又离不开主要的架构。我们要求依据福田劳动教育的特色"三融三合"来进行案例研究。所谓"三融三合"，就是包括课程设置"融生命教育、融科创教育、融职业教育"在内的诸多"三融"和注重学生"身心合一、学创合一、知行合一"在内的诸多"三合"。当然，这里的"三"是虚指多个方面，而不是实指就三个方面。

例如，深圳明德实验学校遵循"三融三合"的原则，努力实现了"四个融通"：一是劳动教育与现代科技相融通。引入腾讯、华为、大疆、比亚迪、铁汉生态等高新技术企业共建仿生机械、数字制造、汽车工程、河道治理、生物基因等18个创新实验室，开发校企融合的跨学科实验室课程群，让学生深度体验新型科创劳动教育。二是劳动教育与家庭社会相融通。校、家、社加强联动，以家庭为基础做好家务劳动课程，以社区为依托做好社会服务课程。同时，做实劳动课程和研学旅行课程。三是劳动教育与现实生活相融通。坚持教育回归生活，突破学校围墙对教育的阻隔，高质量开发开心农场课程、生活滋养课程、职业体验课程等。四是劳动教育与学科课程相融通。积极挖掘语文、政治、历史、艺术等学科课程中蕴藏的丰富劳动教育资源，将劳动教育学科化、常态化，体现了福田劳动贵在融合的特点。

一份主评：基于新课标的案例评析

案例研究最终需要对案例进行评价和分析，而要进行评价，就要依据一定的标准。我们要求按照《劳动新课标》强调的基本原则共五个维度来进行评价。一是在"坚持全面发展，育人为本"的维度上，看有没有构建以劳动教育撬动"五育"并举、促进学生健康全面发展的"福·融"劳动课程体系？二是在"面向全体学生，因材施教"的维度上，看有没有关注"一体化、层次性和差异性"、为每一名儿童提供适合的、公平的劳动教育学习机会？三是在"聚焦核心素养，面向未来"的维度上，看有没有加强正确的价值观引导，重视学生的必备品质和关键能力？四是在"加强课程整合，注重关联"的维度上，看有没有强化课程的协同育人功能、倡导"在真实情境下解决真问题的学习、跨学科主题学习、项目式学习"？五是在"变革育人功能，突出实践"的维度上，看有没有充分发挥实践的育人功能、倡导在"做中学、有中学、创中学"？

例如，上步中学横向建设"4+X劳动课程"体系，搭建学科性劳动课程、活动性劳动课程、融合性劳动课程、文化性劳动课程。纵向创建三级劳动课程体系，依次为兴趣拓展——劳动兴趣课程"劳趣"、劳动体验——劳动体验课程"劳作"、专业学术——劳动智慧课程"劳智"，构建以劳动教育撬动"五育"并举、促进学生健康全面发展的"福·融"劳动课程体系。

学校还创办了《劳动我"刊"行》劳动月刊，展示每月劳动教育开展情况，在特别节日举行专题劳动比赛和日常居家劳动作业，举办校园丰收节，颂劳作之诗、唱劳动之歌，倡导了在"做中学、有中学、创中学"。

荔园教育集团（百花）把劳动教育纳入人才培养全过程，贯穿家、校、社各方面，建设家庭教育基地，开发家庭劳动教育指导手册，发挥家庭劳动教育在发展和提高学生的劳动核心素养中的积极作用。学校开发了"四个一"——"每一天护校园、每一周爱家庭、每一月勤公益、每一期促发展"的劳动教育校本课程,加强了正确的价值观引导,重视了学生的必备品质和关键能力。

荔园外国语小学(天骄)为了解决劳动教育场地问题,把教学楼楼顶空间改造成天台生态农场,同学们可以开展劳动、观察研究、种植和收获等活动。生态农场里有瓜果园、水稻园、蔬菜园,常年种植的植物种类有30多种,努力为每一名儿童提供适合的、公平的劳动教育学习机会。

东海实验小学(竹园)注重劳动教育与其他课程的融合。语文课上,老师带领学生到天台农场实践、观察,做记录,指导学生从不同的角度记录劳动过程,并写出了大量的作文和诗歌;数学课上,低年级学生在农场寻找正方形、长方形等数学元素,高年级学生利用已学知识绘制天台农场平面图,测算菜地的面积;英语课上,学生到天台农场进行说写实践训练,不仅认识了植物,而且每一种植物的英文名称都在对话中自然习得;科学课上,学生利用三角形稳定性的原理给黄瓜搭架子,拿起锄头体验杠杆原理,还可以记录茄子生长的全过程,亲眼见证植物的成长变化,倡导"在真实情境下解决真问题的学习、跨学科主题学习、项目式学习"。

这些学校,都为福田劳动教育案例研究评价提供了不少可贵的观察点。

可以说,一场场生动的劳动教育案例研究彰显福田劳动教育正在真实发生,正逐步走向社区、走向社会、知行合一、学思践悟。"福·融"劳动课程建设的经验得到了教育部义务教育劳动课程标准组组长顾建军教授的肯定,并应邀在全国中小学劳动与研学实践教育研讨会上做经验分享。

当然,"福·融"劳动教育的案例研究在融会理论观念、形成精彩故事、提出教育建议等方面,还有很多值得认真反思的地方。今后,福田劳动教育将继续重视案例研究,助推"福·融"劳动品牌建设,发展学生的劳动核心素养,创造学生的幸福美好人生。

中篇

实践探索

"福·融"劳动任务群主题项目式实施与评价

　　将劳动从原来的综合实践活动课程中完全独立出来成为中小学的一门课程，无疑是《义务教育课程方案（2022年版）》让人印象深刻的亮点和区分点之一，而"任务群""主题化学习""项目式学习"等也是其提出的重要概念和提倡的重要学习方式，所以，劳动任务群的主题项目式实施与评价就成为义务教育阶段开展劳动教育的重要话题和课题。本篇分享的就是个人在义务教育阶段劳动任务群主题项目式实施与评价方面的思考和做法。

一、"大概念"理解劳动任务群，发挥劳动育人功能

　　美国新精神分析派的代表人物埃里克森曾将概念由低至高分为五个层级，分别是"主题事实、概念、概括、原理和理论"。而大概念则是表达关系和意义的概念，在概念层级中处于相对较高的位置，如概括和原理就是大概念。

　　劳动课成为中小学的一门独立课程后，内容上共设置了十个任务群，每个任务群又由若干个项目组成，分布在不同的学段和年级。由于劳动任务群是对关系的表述，在概念的五个层级中处于概括层级，所以是大概念。由此可见，大概念之"大"并不是指规模和内容上的大，而是指核心价值之大。

就像劳动任务群一样，它在劳动教育中属于高层级和可迁移的核心观念，也代表了劳动学科的本质属性和思维范式，自然使其成为在劳动教育中占主导和核心地位的大概念。

用大概念理解劳动任务群，就是要从关系和链接的视角、以结构化和体系化的思路与思想来理解劳动任务群，这是对概念的一种深度理解。

以结构化的思路和思想审视劳动任务群的纵向结构，可以发现其由三大部分和十个任务群组成，凸显了并列性、递增性和综合性的特征。并列性是指十个任务群之间的并列性，如生产劳动包括的农业生产劳动、传统工艺制作、工业生产劳动、新技术体验与应用四个任务群之间有着很强的并列性；递增性是指每一个部分任务群之间至少存在劳动难度的递增，如日常生活劳动从清洁与卫生到整理与收纳，再到烹饪与营养、家用器具使用与维护四个任务群之间存在递增性；综合性是指十个任务群之间常常不是割裂的，很多时候需要把它们看作一个整体，开展大单元主题化教学。如服务性劳动包括的现代服务业劳动、公益劳动与志愿服务两个任务群之间常常需要把它们看作一个整体，用公益劳动与志愿服务的方式，从事一些现代服务业的劳动。所以，劳动任务群的教学需要以认知结构化思路和思想并且通过结构化的项目设计，整合劳动教育教学资源，促进学生对劳动基本概念、基本问题和基本学习方式的深刻理解，从而使学生获得"成长中有意义的学习体验和经验"，达到"以劳化人"和"以劳育人"的目的和追求。

从体系化的思路和思想审视劳动任务群的横向结构，可以发现其由小学低年级、小学中年级、小学高年级和初中年级四个阶段组成，除了不同年龄段应该有可供选择的、不同的学习内容，需要以丰富开放的劳动项目为载体，有目的、有计划、有组织地组织学生参加日常生活劳动、生产劳动和服务性劳动外，还需要凸显不同年龄段应该有不同的让学生动手实践、出力流汗、接受锻炼、磨炼意志、培养正确劳动价值观和良好劳动品质的育人功能。

二、"大单元"设计主题项目式学习，发展劳动核心素养

在劳动课程与教学上，如果把"单元"看成基于学生劳动认知规律、劳动核心素养和劳动知能逻辑体系建构中最小教学单位的话，那么"大单元"就可以看成以劳动大情境、大主题为引领，以大任务、大项目为驱动，对劳动学习内容进行再分析、再整合、再重组、再开发和再拓展，形成以有新的目标、情境、任务、活动和评价等要素组成的一个结构化单位。

在劳动任务群的建构上，虽然其设计已经超出了传统学科"单元"的概念，但我们仍然需要以"大单元"教学设计的视角，来进行系统分析和整体构建，合理确定劳动教育的大主题或大任务，科学设计劳动教学的全场景和全过程。

基于"大单元"设计的劳动学习，最适合的学习方式就是主题项目式学习。因为劳动教育和主题项目式学习都希望学生为日常生活（包括个人生活、家庭生活、集体生活和社会生活等）中出现的问题寻找解决问题的方案和答案，通过分工合作，发展个人、组织和社会的价值体系，培养对组织和社会负责与逐步独立自主的行为；都要求学生要积极主动、动手实践，而不是被动地听老师的教诲，要花更多的时间针对他们感兴趣或者关注的领域发现问题、开展研究和解决问题；都督促学生要更多地参与到工作坊、团队、社群学习之中，以提高更具时代性、广泛性和创造性的能力。

基于"大单元"设计的劳动主题项目式学习，目的是发展学生的劳动核心素养。其中，在劳动意识方面，需要培养学生认识劳动价值和尊重劳动者和劳动模范的正确价值观；在劳动伦理方面，需要培养学生具有良好职业道德和职业操守的必备品质；在劳动技能、创新思维、团队合作和安全意识等方面，需要培养学生掌握基本的劳动技能，具有创新意识、创造力、团队协作能力、预防事故和保护自身安全的能力等关键能力。

怎样开展基于"大单元教学"劳动主题项目式学习的设计呢？根据杭

州师范大学张华教授的思考模型，我们做这样几个追问和回答的过程，也就是设计的思想和建构过程。①劳动主题项目式学习的主题对孩子成长有意义吗？只有源自孩子生活的、真实的、生成性主题，才对孩子成长有意义。②确立好以劳动核心素养或者概念性理解为核心的目标吗？只有确立好劳动的"新三维目标"：一是劳动新观念，形成大观念和强而有力、少而重要的概念性理解；二是劳动新能力，培养孩子在真实情境中解决问题的能力；三是劳动新知识，和观念建立了内在联系的活知识，才算确立了以劳动核心素养或者概念性理解为核心的目标。③设计了劳动项目的产品吗？只有和主题相适应的、体现孩子概念性理解的产品，才是核心素养的外部表现，也就是所谓的真实表现性任务。④把劳动中长的、大的真实性表现任务，变成系列的、探究性的子任务并和活动相关联吗？只有系列项目活动和子任务一个一个地开展，最终累积成项目产品，并和活动相关联，才能完成主题项目式学习。所以，从某种意义上来说，对这四个问题的追问过程，也是基于"大单元"设计的劳动主题项目式学习的过程。

在推进过程中，我们提供了劳动"大单元"主题项目式学习教学设计指引，其中，主题指引和目标指引见表1。

表1　劳动"大单元"主题项目式学习教学设计的主题指引和目标指引

主题指引	（1）从学生日常生活实践中寻找和确定主题。（2）从劳动任务群中的项目关系或联系处寻找和确定主题	
目标指引	劳动观念	（1）"劳动是人的本质"的观念。（2）"劳动最光荣、劳动最崇高、劳动最伟大、劳动最美丽"的观念。（3）"尊重劳动、尊重劳模、尊重一切具有工匠精神的劳动者"的观念
	劳动能力	（1）掌握劳动基本知识、方法和技能。（2）学会使用简单的劳动工具。（3）具有一定的劳动设计、操作、创新和协作能力

续 表

目标指引	劳动习惯和品质	（1）"有尊严、认真负责、安全规范和持之以恒地参加劳动"的习惯。 （2）"诚实守信、吃苦耐劳"和"珍惜劳动成果、杜绝浪费"的品质
	劳动精神	（1）"幸福是奋斗出来的"的时代精神。 （2）勤俭节约、敬业奉献的中华民族传统精神。 （3）改革创新、开放融合的特区精神

三、"大观念"统领劳动教学评价，厚植劳动教育文化

"大观念"反映了人类思想的共通性和连续性，劳动"大观念"就是马克思主义的劳动观。而马克思主义的劳动观，有三个基本结论："劳动创造了人""劳动是人类谋生的手段"和"劳动是人的本质"。由此不难看出：一是"劳动最光荣、劳动最崇高、劳动最伟大、劳动最美丽"就是当下马克思主义的劳动观；二是劳动教育在教育中居于本质和核心的地位，是国民教育体系的重要内容，是学生成长的必要途径，是撬动"五育"并举的杠杆，具有树德、增智、强体、育美的综合育人价值和功能。

《劳动新课标》指出："既要关注劳动知识技能，更要关注劳动观念、劳动习惯和品质、劳动精神；既要关注劳动成果，更要关注劳动过程表现""重视平时表现评价与学段综合评价结合，定性评价与定量评价结合""以教师评价为主，鼓励学生、其他学科教师、家长等参与到评价中"，为"大观念"统领劳动教学评价，强化正确和科学的评价在劳动教育中的重要作用，逐步实现"倡导基于证据的评价和协商式评价、探索增值评价、推进表现性评价"的评价策略指明了方向。

"大观念"统领劳动教学评价，首先要重视劳动学业质量评价。强调以合理的劳动教育教学目标和劳动核心素养为依据，运用恰当的工具和有效的途径，系统收集学生在经过劳动教学后认知行为上所产生的变化信息和发展

证据，对学生劳动知识和技能、劳动观念、劳动习惯和品质、劳动精神进行科学的数据比较和价值判断，促进学生全面、健康和可持续地发展。

"大观念"统领劳动教学评价，其次要突出"学习动机、过程和效果""三位一体"的评价。强调要把每个评价对象的过去与现在进行比较，或者把其有关侧面进行比较，从而得到评价结论，实现价值意义上的学习动机、过程和效果的三位一体的评价。其中，过程表现性评价又处于"三位一体"的核心位置，其可以通过建立学生成长档案袋、开展师生写实记录、创建图表型评价工具等表现型方式来进行和完成。

如针对小学1—2年级的任务群四，可以提出："养护水培植物——绿萝，结合绿萝养护活动，观察绿萝的生长发育情况，知道绿萝的养护方法，培养对植物的喜爱之情"的劳动任务并且设计过程观察量表（表2）。

表2 过程观察量表

观察层面	完成情况		
	A	B	C
养护技能	养护成活、长势良好	养护成活、长势一般	没有成活
观察手段	能应用图片和文字等多种手段对绿萝生长发育进行观察	能够应用图片或文字等中的一种手段对绿萝生长发育进行观察	没有对绿萝生长发育进行观察
观察记录	每天记录	偶尔记录	没有记录
养护过程	自主克服了困难	在家长的帮助下克服了困难	没有克服困难
喜爱植物	喜欢	一般	不喜欢

"大观念"统领劳动教学评价，还要加强"教—学—评"一致性的反馈和反思，充分发挥信息技术在劳动课程学习评价中的赋能作用，重点展示学生劳动课程学习的当堂性、阶段性和表征性成果，培养学生的积极心理和健全人格。通过加强"教—学—评"一致性的反思，努力实现"以测促学，以评促教"的闭环性测评目的。

　　教育部义务教育劳动课程标准组组长、南京师范大学劳动教育研究院院长顾建军教授说过："劳动教育不仅是一门课，还是对教育文化的一次重塑。"

　　"大观念"统领劳动教学评价，最终是为了厚植劳动教育文化。

"劳动教育促进学校育人目标实现" 课程培训

一、课程名称

劳动教育促进学校育人目标实现。

二、课程目标

针对在一些学生中出现的不珍惜劳动成果、不想劳动、不会劳动的现象，帮助学员提高劳动教育的政治站位，了解和理解劳动教育是中国特色社会主义教育制度的重要内容，是全面发展教育体系的重要组成部分，对全面贯彻党的教育方针、落实立德树人根本任务、培养德智体美劳全面发展的社会主义建设者和接班人具有重要的意义。

针对不少学校存在的办学目标扭曲，导致育人目标严重偏离教育方针的问题，帮助学员厘清育人目标与办学目标之间的关系，增强坚持社会主义办学方向的坚定性、主动性和积极性。

关键词句：①劳动教育；②教育方针；③育人目标；④办学目标；⑤育人目标与办学目标之间的关系。

三、课程编制设想

按照："概念—标准—问题—改进—案例"的逻辑顺序进行五个培训模块课程的编制。

（一）概念模块课程

要厘清：劳动教育、教育方针、育人目标、办学目标、育人目标与办学目标的关系是什么？为什么？并且组织学员就所在学校的育人目标与办学目标进行交流。

（二）标准模块课程

要研读：①重要论述：习近平总书记关于教育方针的重要论述；②主要文件：中央教育工作领导小组印发的《关于深入学习宣传贯彻党的教育方针的通知》；中共中央、国务院印发的《关于全面加强新时代大中小学劳动教育的意见》；教育部等六部门印发的《义务教育质量评价指南》和《普通高中学校办学质量评价指南》等通知精神。

要求：①呈现文件结构；②解读关键内容（如原则、内容、方法等）；③提供思考题。

（三）问题模块课程

要分析：当前教育功利化、短视化破坏教育生态的行为有哪些？

要求：①呈现专家视角："张志勇：清理七种教育功利化、短视化行为，加快修复教育生态"；②重视学员视角：学员列出所在学校在办学目标与育人目标方面的主要问题清单。

（四）改进模块课程

（1）基于育人目标与办学目标的问题聚焦。

（2）基于学校改进的行动研究。

（3）按照方案组织项目或课题实践。

（五）案例模块课程

要求：分别呈现以讲课老师所在学校为背景的案例。

四、模块课程

（一）概念模块

1. 教育方针、党的教育方针与劳动教育

（1）教育方针

概念：教育方针是由政党或者国家根据一定社会的政治、经济要求提出的，带有法律效力的，关于教育工作的方向、目的、道路的总体规定。

性质：具有阶段性、历史性、客观性、法令性、全局性、实践性等特点。

（2）党的教育方针

内容：教育必须为社会主义现代化建设服务、为人民服务，必须与生产劳动和社会实践相结合，培养德智体美劳全面发展的社会主义建设者和接班人。

解构与解析见表1。

表1　党的教育方针的解构与解析

解构	解析
为社会主义现代化建设服务	我国教育工作的总方向
为人民服务	中国共产党的根本宗旨
与生产劳动和社会实践相结合	教育方针中一项不可忽视的重要内容
德智体美劳全面发展	教育培养目标的重要标准
培养社会主义建设者和接班人	我国社会主义教育总的培养目标

法理：2021年4月29日，第十三届全国人大常委会第二十八次会议通过关于修改《中华人民共和国教育法》的决定，在其第五条修改中，将党的教育方针落实为国家法律规范。

特点：把劳动教育纳入培养社会主义建设者和接班人的要求之中。

拓展——劳动教育:《义务教育课程标准(2022年版)》将劳动从综合实践活动课程中独立出来。

劳动教育是发挥劳动的育人功能,对学生进行热爱劳动、热爱劳动人民的教育活动。

劳动课程是实施劳动教育的重要途径,具有鲜明的思想性、突出的社会性和显著的实践性,在劳动教育中发挥主导作用。义务教育劳动课程以丰富开放的劳动项目为载体,重点是有目的、有计划地组织学生参加日常生活劳动、生产劳动和服务性劳动,让学生动手实践、出力流汗,接受锻炼、磨炼意志,培养学生正确的劳动价值观和良好的劳动品质。

2. 育人目标、党的育人目标与办学目标

(1)育人目标:一定社会对人的培养的总体要求,规定培养人的质量规格。

(2)党的育人目标:中国共产党对人的培养的总体要求,即培养德智体美劳全面发展的社会主义建设者和接班人。

特征:为党育人,为国育才。

(3)办学目标:各级各类学校培养人的具体要求。

要求:牢牢把握"为加快推进教育现代化、建设教育强国、办好人民满意的教育提供了根本遵循""深刻回答了培养什么人、怎样培养人、为谁培养人这一根本问题"的"九个坚持":"坚持党对教育事业的全面领导,坚持把立德树人作为根本任务,坚持优先发展教育事业,坚持社会主义办学方向,坚持扎根中国大地办教育,坚持以人民为中心发展教育,坚持深化教育改革创新,坚持把服务中华民族伟大复兴作为教育的重要使命,坚持把教师队伍建设作为基础工作。"

增强"五个注重":"注重德育为先,把社会主义核心价值体系融入教育全过程;注重教育以促进人的发展为本,以实现人的全面发展;注重学校以育人为本、以学生为主体,让学校成为学生幸福成长的学习乐园;注重尊重个性和承认差别，办好适合每个学生成长需要的教育；注重以终身学习理念，引领学校教育改革，为人一生学习奠定基础。"

（4）学员所在学校劳动教育、育人目标与办学目标交流。

（二）标准（政策）模块

1. 重要论述

标准（政策）的重要论述见表2。

表2　标准（政策）的重要论述

讲话（场所、时间）	主题	内容
2018年5月2日，习近平总书记在北京大学师生座谈会上的讲话	培养社会主义建设者和接班人	培养社会主义建设者和接班人，是我们党的教育方针，是我国各级各类学校的共同使命。高校只有抓住培养社会主义建设者和接班人这个根本才能办好，才能办出中国特色世界一流大学
2019年3月18日，习近平总书记在学校思想政治理论课教师座谈会上的讲话	新时代贯彻党的教育方针	新时代贯彻党的教育方针，要坚持马克思主义指导地位，贯彻新时代中国特色社会主义思想，坚持社会主义办学方向，落实立德树人的根本任务，坚持教育为人民服务、为中国共产党治国理政服务、为巩固和发展中国特色社会主义制度服务、为改革开放和社会主义现代化建设服务，扎根中国大地办教育，同生产劳动和社会实践相结合，加快推进教育现代化、建设教育强国、办好人民满意的教育，努力培养担当民族复兴大任的时代新人，培养德智体美劳全面发展的社会主义建设者和接班人
2020年9月22日，习近平总书记在教育文化卫生体育领域专家代表座谈会上的讲话	坚持社会主义办学方向	要坚持社会主义办学方向，把立德树人作为教育的根本任务，发挥教育在培育和践行社会主义核心价值观中的重要作用，深化学校思想政治理论课改革创新，加强和改进学校体育美育，广泛开展劳动教育，发展素质教育，推进教育公平，促进学生德智体美劳全面发展，培养学生爱国情怀、社会责任感、创新精神、实践能力

讲话（场所、时间）	主题	内容
2021年3月6日，习近平总书记参加全国政协十三届四次会议医药卫生界、教育界委员联组会时的讲话	为党育人，为国育才	教育是国之大计、党之大计。要从党和国家事业发展全局的高度，坚守为党育人、为国育才，把立德树人融入思想道德教育、文化知识教育、社会实践教育各环节，贯穿基础教育、职业教育、高等教育各领域，体现到学科体系、教学体系、教材体系、管理体系建设各方面，培根铸魂、启智润心
……	……	……

2. 重要文件

（1）《关于深入学习宣传贯彻党的教育方针的通知》

《关于深入学习宣传贯彻党的教育方针的通知》指出，党的教育方针是党的理论和路线方针政策在教育领域的集中体现，在教育事业发展中具有根本性地位和作用。党的十八大以来，以习近平同志为核心的党中央高度重视教育工作，决定把劳动教育纳入社会主义建设者和接班人的要求之中，提出"德智体美劳"的总体要求。习近平总书记在全国教育大会、学校思想政治理论课教师座谈会等会议发表重要讲话，多次赴各级各类学校考察调研、致信回信，做出重要指示批示，对新时代全面贯彻党的教育方针提出明确要求。经第十三届全国人大常委会第二十八次会议审议，《中华人民共和国教育法》第五条修改为"教育必须为社会主义现代化建设服务、为人民服务，必须与生产劳动和社会实践相结合，培养德智体美劳全面发展的社会主义建设者和接班人"，将党的教育方针落实为国家法律规范。

《关于深入学习宣传贯彻党的教育方针的通知》强调，党中央进一步完善党的教育方针，使培养什么人、怎样培养人、为谁培养人的方向更加鲜明、内容更加完善、要求更加明确，充分体现了党的创新理论成果，在我国教育史上具有标志性意义和深远影响。要深刻理解新时代全面贯彻党的教育方针重大意义，深刻把握教育工作的政治属性、宗旨方向、目标任务，坚持以新时代特色社会主义思想为指导，坚持马克思主义指导地位，坚持党对教育工作的全面领导。要对标党的教育方针，深入落实立德树人根本任务，抓住全面提高人才培养能力这个重点，将党的教育方针有效融入教育行政管理、办学治校和教育教学全过程，把牢政治方向、清理制度规范、校正误区偏差，使各级各类教育更加符合教育规律和人才成长规律。

《关于深入学习宣传贯彻党的教育方针的通知》要求，各地要把学习宣传贯彻党的教育方针作为重要政治任务，同学习贯彻习近平总书记关于教育的重要论述相贯通，同贯彻落实党的十九届五中全会精神相衔接，同开展党史学习教育相结合，同贯彻落实新修订的《中华人民共和国教育法》相统一，针对党政机关、学校、社会各界等不同特点，分类就学习宣传贯彻工作作出专门部署。

（2）《中共中央 国务院关于全面加强新时代大中小学劳动教育的意见》

重大意义：劳动教育是中国特色社会主义教育制度的重要内容，直接决定社会主义建设者和接班人的劳动精神面貌、劳动价值取向和劳动技能水平。长期以来，各地区和学校坚持教育与生产劳动相结合，在实践育人方面取得了一定成效。同时也要看到，近年来一些青少年中出现了不珍惜劳动成果、不想劳动、不会劳动的现象，劳动的独特育人价值在一定程度上被忽视，劳动教育正被淡化、弱化。对此，全党全社会必须高度重视，采取有效措施切实加强劳动教育。

指导思想：以习近平新时代中国特色社会主义思想为指导，全面贯彻党的教育方针，落实全国教育大会精神，坚持立德树人，坚持培育和践行社会主义核心价值观，把劳动教育纳入人才培养全过程，贯通大中小学各学段，贯穿家庭、学校、社会各方面，与德育、智育、体育、美育相融合，紧密结合经济社会发展变化和学生生活实际，积极探索具有中国特色的劳动教育模式，创新体制机制，注重教育实效，实现知行合一，促进学生形成正确的世界观、人生观、价值观。

（3）《义务教育质量评价指南》

指导思想：坚持以习近平新时代中国特色社会主义思想为指导，全面贯彻党的教育方针，坚持社会主义办学方向，遵循学生成长规律和教育规律，加快建立以发展素质教育为导向的义务教育质量评价体系，强化评价结果运用，健全立德树人落实机制，构建德智体美劳全面培养教育体系，引领深化教育教学改革，全面提高义务教育质量，努力培养德智体美劳全面发展的社会主义建设者和接班人。

评价指标见表3。

表3　评价指标表

类别	重点内容	关键指标	考查要点
县域义务教育质量评价	A1 价值导向	B1 全面贯彻党的教育方针	1. 加强党对教育工作的全面领导，坚持社会主义办学方向，落实立德树人根本任务，坚持德智体美劳"五育"并举，发展素质教育，培养担当民族复兴大任的时代新人。 2. 树立科学教育质量观，遵循教育规律，坚持德育为先、全面发展、面向全体、知行合一，注重提高学生综合素质，培养学生正确价值观、必备品格和关键能力。 3. 树立正确政绩观，办好每所学校，关心每名学生成长。坚决克服唯分数、唯升学倾向，不给学校下达升学指标，不单纯以升学率评价学校、校长和教师，不举办重点学校
学校办学质量评价	A1 办学方向	B1 加强党建工作	1. 健全党对学校工作领导的制度机制，以政治建设为统领，加强学校领导班子建设，推进党的工作与教育教学工作紧密融合，把思想政治工作贯穿学校教育教学全过程。 2. 落实学校党的组织和党的工作全覆盖，落实党风廉政建设责任制和意识形态工作责任制；坚持党建带团建、队建，充分发挥学校工会、共青团、少先队等群团组织作用

类别	重点内容	关键指标	考查要点
学校办学质量评价	A1 办学方向	B2 坚持立德树人	3. 全面贯彻党的教育方针，坚持科学教育质量观，落实德智体美劳全面培养要求，坚持全员、全过程、全方位育人，深入实施素质教育，促进学生全面发展、健康成长。 4. 把立德作为育人首要任务，制订并有效实施落实《中小学德育工作指南》的具体工作方案，将培育和践行社会主义核心价值观融入教育教学全过程，教育引导学生爱党爱国爱人民爱社会主义
学生发展质量评价	A3 身心发展	B7 健康生活	15. 营养健康饮食，讲究卫生，按时作息，保证充足睡眠，养成坐、立、行、读、写正确姿势；积极参加体育活动，坚持每天锻炼身体至少1小时，坚持做广播体操、眼保健操。 16. 树立珍爱生命、安全第一意识，掌握安全、卫生防疫等基本常识，注重日常预防和自我保护，具备避险和紧急情况应对能力。 17. 不过度使用手机，不沉迷网络游戏，不吸烟、不喝酒、不赌博，远离毒品
		B8 身心素质	18. 体质健康监测达标，掌握1—2项体育运动技能，有效控制近视、肥胖、脊柱姿态不良等。 19. 保持自尊自信、自立自强、乐观向上、阳光健康心态，合理表达、控制调节自我情绪；能够正确看待挫折，具备应对学习压力、生活困难和寻求帮助的积极心理素质和能力
	A4 审美素养	B9 美育实践	20. 积极参加学校、社区（村）组织的文化艺术等各种美育活动。 21. 经常欣赏文学艺术作品、观看文艺演出、参观艺术展览等
		B10 感受表达	22. 掌握1—2项艺术技能，会唱主旋律歌曲。 23. 具备健康向上的审美趣味、审美格调，能够在学习和生活中发现美、感受美、欣赏美、表达美
	A5 劳动与社会实践	B11 劳动习惯	24. 具有尊重劳动、热爱劳动的观念，能够吃苦耐劳，尊重劳动者，珍惜劳动成果。 25. 积极参加家务劳动、校内劳动、校外劳动，具有一定的生活能力和劳动技能

类别	重点内容	关键指标	考查要点
学生发展质量评价	A5 劳动与社会实践	B12 社会体验	26. 积极参与社会调查、研学实践、志愿服务和公益活动。 27. 在农业生产、工业体验、商业和服务业实践中，主动体验职业角色

（4）《普通高中学校办学质量评价指南》

（略）

（5）思考题：如何挖掘劳动在树德、增智、强体、育美等方面的育人价值？

（三）问题模块

1. 呈现专家视角

著名专家张志勇："清理七种教育功利化、短视化行为，加快修复教育生态。"

加快解决教育的功利化、短视化问题，全面修复教育生态，保障亿万儿童的健康成长，是"国之大计、党之大计"。为了加快构建良好教育生态，办好人民满意的教育，建议在全国开展"清理功利化、短视化教育行为，全面修复教育生态"专项治理行动，着重聚焦清理以下七种功利化、短视化教育行为：一是宣传、炒作、重奖高考升学率行为；二是"唯成绩""唯升学"的教育政绩观；三是违规争抢中小学生源行为；四是各种教育抢跑、提前结束课程备考行为；五是不严格执行国家课程方案行为；六是在寒暑假、法定节假日组织学生集体补课行为；七是严重剥夺学生正常睡眠行为。

2. 重视学员视角

学员列出所在学校在育人目标与办学目标方面的主要问题清单并且交流研讨。

（四）改进模块

1. 基于育人目标与办学目标的问题聚焦

（1）基于学校在育人目标与办学目标方面的主要问题清单，组织学员分析问题产生的原因。

（2）聚焦需要改进的关键问题，思考和讨论解决问题的基本思路。

2. 基于学校改进的行动研究

（1）开展行动研究设计：围绕"问题确定—制订计划—采取行动—反思总结"的路程进行。

（2）针对问题组建项目或课题研究团队。

（3）提供项目或课题设计支架（表4）。

表4　设计支架

问题							
时间安排（　）	研究环节	研究内容	研究方法	研究工具	研究活动	预期收集资料	预期成果
第一阶段（　）	问题分析						
第二阶段（　）	原因分析						
第三阶段（　）	提出对策						
第四阶段（　）	实施对策						
第五阶段（　）	评估效果						
第六阶段（　）	形成经历						

3. 按照方案组织项目或课题实践

（1）依托研究团队开展项目或课题实践；

（2）及时提炼实践经验、积累实践案例、评估实践成效；

（3）关注项目或课题实践过程的咨询、指导、交流、展示。

（五）案例模块

（略）

"劳动教育助推平常学校改进"行动

从平常走向卓越，是每一所劳动教育平常学校的渴望。而要实现这种蜕变，需要展示出最好的学校改进形态，为此我们制定本行动纲要，助力学校跨越优质，从平常走向卓越！

一、逻辑起点

习近平总书记在全国教育大会上提出："立足基本国情，遵循教育规律，坚持改革创新，以凝聚人心、完善人格、开发人力、培育人才、造福人民为工作目标，培养德智体美劳全面发展的社会主义建设者和接班人，加快推进教育现代化、建设教育强国、办好人民满意的教育。"

（1）建设教育强国，需要建设教育强区；建设教育强区，需要建设教育强校；建设教育强校，需要对学校进行改进。而要把劳动教育平常学校建设成为劳动教育强校，需要实施学校改进计划。

（2）实施劳动教育平常学校改进计划，需要"立足基本校情，遵循教育规律，坚持改革创新"。

（3）实施劳动教育平常学校改进计划，本质上是卓越人的改进计划，需要"凝聚人心、完善人格、开发人力、培育人才、造福人民"，以培养德智体美劳全面发展的社会主义建设者和接班人。

（4）人民群众的感受是对劳动教育平常学校改进计划实施效果的终

极评价。

二、价值观

（1）每一所学校都是与众不同、独一无二、自带光芒的，我们应该重新发现和定义劳动教育学校。

（2）每一所学校都有追求成为劳动教育卓越学校的权利。

（3）卓越不是一个绝对概念，而应该是一个相对概念。卓越不是一个标准，而应该是一种境界、一种追求。

（4）相信每一所学校都有成为劳动教育卓越学校的潜力，都能以自己独特的方式成就卓越。

（5）优质是卓越的大敌，这就是鲜有优质学校成为卓越学校的原因。从平常走向卓越，即使不能成为劳动教育卓越学校，至少可以成为劳动教育优质学校。

三、学校劳动教育观察

学校劳动教育观察是从历史沿革、现有状况、可用资源和未来可能等多方面，对学校劳动教育进行全方位的审视，以寻找思想上的聚焦和路径上的共识，形成对未来的共同愿景。

学校劳动教育观察首先要进行战略观察。根据组织竞争战略的完整概念，战略应是一个组织"能够做的"（即组织的强项和弱项）和"可能做的"（即环境的机会和威胁）之间的有机组合。可以运用SWOT这样一种战略观察方法，通过对被分析对象的优势、劣势、机会和威胁加以综合评估与分析得出结论，通过内部资源、外部环境有机结合来清晰地确定被分析对象的资源优势和缺陷，了解对象所面临的机会和挑战，从而在战略与战术两个层面加以调整方法、资源以保障被分析对象达到所要实现的目标。SWOT分别代表strengths（优势）、weaknesses（劣势）、opportunities（机遇）、

threats（威胁）。

四、立足劳动教育有效学校

建设劳动教育有效学校，是让地方政府和社会满意的重要途径。学校劳动教育效能研究，一般都是将学生的成绩和进步，作为认定学校具有更高效能的重要因素。根据美国超级畅销书《基业长青》的作者吉姆•柯林斯等的观点，有效学校有以下11个要素。

（1）专业性领导：稳定、有目的；共同参与的领导方式；引领专业人员。

（2）共同的愿景：目标统一；行动一致；良好的同事关系和合作文化。

（3）学习型环境：秩序井然；吸引人的工作环境。

（4）重视教与学：学习时间的最大化；强调学生学术科目的学习；关注学生成绩。

（5）高期望值：对所有方面的高期望值；期望的沟通与交流；为学生提供智力挑战的机会。

（6）正面强化：公正而又清晰的纪律；反馈。

（7）监测进步：监测学生的成绩；评估学生的表现。

（8）学生的权利和责任：较高的自重感；责任明确；预防控制适度。

（9）有目的的教学：有效率的教学组织机构；清晰的目的；适应性的教学实践。

（10）一个学习型组织：员工发展计划。

（11）建立家校合作关系：家长参与。

五、着眼劳动教育未来学校

传统意义上，学校（school）是指教育者有计划、有组织地对受教育者进行系统的教育活动的组织机构。站在从传统教育到现代教育，再从现代教育到未来教育的时间线上，学校这样一个具有空间色彩和人文历史色彩的观念，需要在国际竞争、家国情怀等维度重新发现和定义。

（一）在"国际竞争"维度上，劳动教育未来学校是什么

劳动教育未来学校要有"国际视野竞争力"，要对接国际先进教育理念和一流教育资源，通过更加密切的互动交流，共同绘就学校教育的未来蓝图。

劳动未来教育要有"国际能力竞争力"，要从工具主义转向以人为本，要从学科中心、知识本位转向品德为先、能力为重；要从注重教什么、如何教转向注重学会学习、学会生存。劳动教育未来学校必须遵循教育规律和人才成长规律，注重培养支撑终身发展、适应时代要求的关键能力，包括认知能力、合作能力、创新能力和职业能力。

劳动教育未来学校要有"国际技术竞争力"，要注重信息技术与教育教学的深度融合，用科技赋能教育，实现学习的精准供给。利用新技术重构教育流程，促进教、学、考、评、管以及家校合作的各个环节，逐步走向适应每个学生学习需求的精准供给。

（二）在"家国情怀"维度上，劳动教育未来学校是什么

劳动教育未来学校要扎根中国大地，凸显中国特色，展示中国智慧，着力构建德智体美劳全面培养的教育体系，健全家庭、学校、政府、社会协同育人机制，形成全员育人、全过程育人、全方位育人的格局。

六、探索劳动教育改进之旅

根据美国超级畅销书《基业长青》的作者吉姆·柯林斯等的观点，探索劳动教育改进之旅需要：

（1）寻找黑匣子。选择国内10所实现从平常劳动教育走向卓越劳动教育的学校，收集发表的有关这些学校的文章，将这些资料纳入领导、战略、技术等类别，对其进行深入分析。

（2）安装飞轮。按照世界上实现了跨越的公司的经验，从平常劳动教育走向卓越劳动教育，需要积蓄力量，需要安装飞轮，在飞轮的作用下，一直到达突破点，然后实现跨越。飞轮是一种能量，也是一种框架，其包含从平常走向卓越的整体特征。

① 第5级校长：促进劳动教育跨越发展的学校校长似乎是从火星上来的人，不爱抛头露面、沉默寡言、谦虚谨慎，但表现专业。（第1级校长：能力突出的个人。用自己的知识、能量、智慧和作风，为学校做出巨大贡献。第2级校长：乐于奉献的团队。为实现学校发展目标，贡献个人聪明才智，与团队成员通力合作。第3级校长：富有实力的经理人。组织人力资源，高效能地朝着既定目标前进。第4级校长：坚强有力的领导者。全身心投入，执着追求清晰可见、催人奋进的愿景，向更高业绩标准努力。第5级校长：将个人谦虚的品质和职业的坚定意志相结合，创造持续的卓越业绩。）

② 先人后事：合适的人是最重要的资源。请进合适的人，请出不合适的人并让合适的人各就其位。

③ 刺猬理论：超越能力金箍。

④ 训练有素的文化：从训练有素的员工到训练有素的文化。

⑤ 技术加速器：不把技术当作引发转变的首要工具，但是他们都是运用技术的先锋。

七、确立学校劳动教育共同愿景

确立学校劳动教育共同愿景就是确立学校劳动教育的使命和目标。

（一）学校使命

新时期学校的使命应该是：提供适合的劳动教育，让学生扬长发展并将学生塑造成为一个值得信任的品牌；把学校建设成为一所受人尊敬的学校。

（二）发展目标

新时期学校劳动教育的发展目标应该是：一流的质量，学生的成长乐园；优秀的队伍，教师的精神家园；最好的声誉，居民的幸福花园。

八、提升学校卓越领导力

领导力通常是指激发团队成员热情与想象力，并率领团队成员全力以赴去完成学校改进目标的能力。最好的定义是：领导力，是引领众人去一个未知地方的能力。

根据苗建明、霍国庆等专家于2006年构建的"领导力五力模型"，领导者必须具备的领导能力如下。

（一）领导感召力

感召力是最本色的领导能力，感召力主要来自以下五个方面：具有坚定的信念和崇高的理想；具有高尚的人格和高度的自信；具有代表一个群体、组织、民族、国家或全人类的伦理价值观和臻于完善的修养；具有超越常人的大智慧和丰富曲折的阅历；不满足于现状，乐于挑战，对所从事的事业充满激情。

（二）领导前瞻力

前瞻力从本质上讲是一种着眼未来、预测未来和把握未来的能力。具体分析，前瞻力的形成主要与下述因素有关：领导者和领导团队的领导理念；组织利益相关者的期望；组织的核心能力；组织所在行业的发展规律；组织所处的宏观环境的发展趋势。

（三）领导影响力

影响力是领导者积极主动地影响被领导者的能力，主要体现为：领导者对被领导者需求和动机的洞察与把握；领导者与被领导者之间建立的各种正式与非正式的关系；领导者平衡各种利益相关者特别是被领导者利益的行为与结果；领导者与被领导者进行沟通的方式、行为与效果；领导者拥有的各种能够有效影响被领导者的权力。

（四）领导决断力

决断力是针对战略实施中的各种问题和突发事件而进行快速与有效决策的能力，主要体现为：掌握和善于利用各种决策理论、决策方法和决策工具；具备快速和准确评价决策收益的能力；具备预见、评估、防范和化解风险的意识与能力；具有实现目标所需要的必不可少的资源；具备把握和利用最佳决策及其实施时机的能力。

（五）领导控制力

控制力是领导者有效控制组织的发展方向、战略实施过程和成效的能力，一般是通过下述方式来实现的：确立组织的价值观并使组织的所有成员接受这些价值观；制定规章制度等规范并通过法定力量保证组织成员遵守这些规范；任命和合理使用能够贯彻领导意图的干部来实现组织的分层控制；建立强大的信息力量以求了解和驾驭局势；控制和有效解决各种现实的和潜在的冲突以控制战略实施过程。

美国的约翰·C.马克斯维尔在《领导力21法则》一书中写道："领导力就是领导力，不论你身在何处或从事怎样的工作。时代在改变，科技也在不断地进步，文化也因为地域不同而有差异。但是真正的领导原则却是恒定不变的……"称这是他多年来学到的最重要的真理之一，书中讲述的21法则是可以学习的，可以单独使用，有后果的，都是领导力21法则的基础。可以用来训练提升领导力，它们分别是："一是锅盖法则：领导力决定一个人的成效，领导能力是决定一个人效率水平的锅盖；二是影响力法则：影响力是衡量领导力的法则；三是过程法则：领导力来自日积月累，而非一日之功；四是导航法则：谁都可以掌舵，但唯有领导才能设定航线；五是哈顿法则：真正的领袖一开口，人们会洗耳恭听；六是根基法则：信任是领导的根基；七是敬佩法则：人们会自然跟随比自己强的领袖；八是直觉法则：领袖善用领袖的直觉来衡量一切；九是磁力法则：物以类聚，人以群分；十是亲和力法则：领袖知道得人之前必先得其心；十一是核心圈法则：领袖的未来取决于核心圈；十二是授权法则：有安全感的领袖才肯授权于人；十三是增殖法则：名师出高徒，领袖才能带出领袖；十四是接纳法则：人们先接纳领袖，然后才接纳他的蓝图；十五是致胜法则：领袖必须为他的团队找出致胜之路；十六是动能法则：动能是领袖最好的朋友；十七是优先次序法则：领袖必须了解忙碌不见得就会有成效；十八是"舍""得"法则：领袖必须明白向上的路首先是向下的；十九是时机法则：掌握时机和善于策略同样重要；二十是爆炸性倍增法则：培养跟随者，加法式增长，培养领导者，乘法式增长；二十一是传承法则：领袖的历史地位在于传承。"

"福·融"劳动教育发展新质生产力的 实践和探索

2023年9月，习近平总书记在黑龙江视察期间，做出了要"整合科技创新资源，引领发展战略性新兴产业和未来产业，加快形成新质生产力"的重要指示，引发国内各地、各界对新时代发展新质生产力的深度思考和认真探索。在深圳行政、文化、金融、商务和国际交往的中心城区——福田，新质生产力也越来越成为区域历史社会高质量发展的有力支撑。在这样的背景下，福田教育主动作为、积极行动，在教育部义务教育劳动课程标准组组长、南京师范大学劳动教育研究院院长顾建军教授的关心和指导下，依据福田的区域特点，以"福"为方向和愿景，以"融"为方法与手段，构建和实施了"福·融"劳动教育，通过引领特区学生追求和获得幸福完整人生来探索发展新质生产力。

一、重构："福·融"劳动教育发展新质生产力的理论逻辑

"福·融"劳动教育是一种劳动教育的主张，其主张把劳动教育界定为通过培养知行合一的人、身心合一的人和学创合一的人进而培养幸福完整的人的教育，并且其需要立足福田大地、通过劳动教育融生命教育、融职业教育和融科创教育而实现。

大家都知道，生产力是社会发展的最终决定力量，所以，当下"新质生产力"自然成为理论研究、实践表达和媒体传播的C位热词并且已经形成对它的认知共识，即"新质生产力"是"依靠科技创新驱动，依托'战略性新兴产业和未来产业'，以'数字化、智能化和绿色化'为基石，逐步形成具有'高科技、高效能和高质量'特点的、新的先进生产力"。

从"回到原点、面向未来"的理论研究逻辑来审视"新质生产力"，不难发现：新质生产力首先是生产力，包括"劳动者、劳动资料和劳动对象"三个基本要素，其与劳动密切相关，更与教育密切相关。因此，基于"依靠科技、创新驱动、追求幸福"的"福·融"劳动教育，就一定能够发展新时代的"劳动者、劳动资料和劳动对象"，进而在面向未来中发展新质生产力。

（一）"福·融"劳动教育追求知行合一，培养新劳动者

党的十八大以来，习近平总书记多次强调知行合一，要求党员干部既要加强理论学习，走在前列，又要结合实践，干在实处。在信息技术、大数据和人工智能不断迭代升级的背景下，"福·融"劳动教育致力于培养知行合一的人，就是要让学生"涉及不断迭代升级的知识"与"触及现代高端先进的设备"相结合，使其成为"掌握新知识"与"驾驭新设备"密不可分的人，致力于培养新时代更高素质的新劳动者。

（二）"福·融"劳动教育注重身心合一，升级劳动资料

这里的身，是指劳动者的身体，包括劳动工具这个身体的延伸和拓展；这里的心，是指劳动者的思想。"福·融"劳动教育注重身心合一，一在说明"福·融"劳动教育是在一定体力劳动基础上的教育；二在说明"福·融"劳动教育注重的是思想和身体，特别是思想和使用工具能够和谐统一的教育，因为劳动工具是劳动资料的重要组成部分，在生产力发展过程中发挥着重要作用；三在说明："福·融"劳动教育在升级劳动工具，进而升级劳动资料中，进行自我升级和自我创造。

（三）"福·融"劳动教育强化学创合一，拓展劳动对象

当人类从IT（信息）时代进入了DT（数据）时代，后又进入了AI（人工智能）时代时，劳动对象已经拓展为"实体物质+信息数据"。在AI时代，"福·融"劳动教育强化学创合一，一是要强化学习和创意相结合，培养善于创意思考、能给予决策咨询的创意型人才；二是要强化学习和创新相结合，培养拔尖的创新型人才；三是要强化学习和创业相结合，旨在为社会培养优秀的创业型人才。

二、转型："福·融"劳动教育发展新质生产力的操作路径

"福·融"劳动教育发展新质生产力的操作路径，一定是根据福田区域特点，在培养幸福完整的人的过程中，运用"融合思维"，转型而探索的新路径。

2023年，福田区数字经济核心产业总产值突破万亿。以新能源产业为例，福田已经形成千亿级产业集群，集聚了上百家总部企业和世界一流的研发平台，打造了全球规模最大的"光储直柔"近零碳园区、全国首个"近零碳机关"以及"一杯咖啡，满电出发"的"超充之城"丰富场景。数字经济的蓬勃发展，为"福·融"劳动教育发展新质生产力创造了良好的土壤和基础，同时带来新的动能和势能。

在这样的形势下，福田教育发挥"融合思维"的优势，综合考虑各个方面的关键因素，将两个交叉甚至冲突的想法升华为一个更富有创意的做法。

（一）融生命教育，在场域及价值上凸显高质量

"福·融"劳动教育通过融生命教育来发展新质生产力，是因为生命安全与健康是劳动者生存、发展的基本需求和永恒追求。"福·融"劳动教育一是重在劳动中引导学生认识生命、珍惜生命、尊重生命、热爱生命、欣赏生命、保护生命、提升生命、敬畏生命，把生命意识渗透到学生的心里，

提高学生的生存技能和生命质量，为未来培养高质量的劳动者，进而大面积地发展新质生产力；二是实施科技赋能"匠心"工程、培根铸魂"正心"工程、阳光体育"强心"工程、心育护航"安心"工程和家校社共育"聚心"工程，凸显劳动资料中生产工具的科技属性，以及重视更广泛的劳动对象，进而在工程实施中大幅度地发展新质生产力。

（二）融职业教育，在取向和目标上体现高效能

"福·融"劳动教育通过融职业教育来发展新质生产力，是因为劳动教育是帮助青少年引发职业兴趣、发现职业倾向、规划职业生涯、了解和服务社会不可缺少的活动与载体，是沟通职业、联系社会的重要桥梁和纽带，本身具有融职业教育的优势。同时，"福·融"劳动教育融职业教育有利于发展新时代的"劳动者、劳动资料和劳动对象"，进而发展新质生产力。

"福·融"劳动教育融职业教育，关注福田区现代服务业产业需求，突出"教企合作、文化融合"的劳动课程建设理念，注重将新技术、新工艺、新规范、新操守等内容纳入劳动教育全过程，开发"模块化、厚基础、多方向"的现代服务业劳动实践课程，提升学生实践能力和社会责任感，使其成为懂劳动、会劳动、爱劳动的时代新人，为发展新质生产力培养高素质的、不同职业的劳动者。

（三）融科创教育，在途径与方法上依靠高科技

"福·融"劳动教育通过融科技教育来发展新质生产力，是因为科学技术是第一生产力，是经济发展最为重要的推动力量，在促进劳动者素质提高、牛产劳动过程的自动化、信息化和智能化，促进节约能源、原料等劳动资料方面，发挥着越来越大的价值和决定性的作用。"福·融"劳动教育通过融科创教育，一是在义务教育阶段探索实行劳动科普教育学分制，开发"福·融"劳动创新思维课程，进·步加强劳动项目式学习研究；二是充分发挥高科技城市影响力，探索建设共享劳动创新学习中心，与高校、科研院所、企业等联合建设劳动创新实验室和创意实践基地，增强学生创客体验，强化实践动手能力、合作能力、创新能力培养；三是按照"加强统筹、试点引领、重点突破、全面推进"的原则，大力推进劳动教育与科技教育协同育人，促进科研与教学互动、科研与人才培养结合，形成"政府引导、多方参与、协同发展"的劳动教育融合科技教育的新局面。

三、赋能："福·融"劳动教育发展新质生产力的实践成果

"福·融"劳动教育发展新质生产力的实践，以习近平总书记关于发展新质生产力的重要论述，中共中央、国务院发布的《关于全面加强新时代大中小学劳动教育的意见》、教育部办公厅印发的《基础教育课程教学改革深化行动方案》为指导，通过加快建设高质量的"福·融"劳动区本课程体系，持续助力发展新质生产力。主要实践成果如下。

（一）构建了创新驱动的整体教研新模式

以"福·融"劳动教育发展新质生产力需要高质量的教研来驱动和服务，我们通过确立"整体教研"的思想，遵循从"饥饿逻辑"到"梦想逻辑"的劳动教研新逻辑，倡导了"福·融"劳动教育的前置性概念——"福·融"劳动教研，并且以发展师生核心素养、促进教育绿色发展为"福·融"劳动教研的新目标，形成了以"主题引领、共研愿景，志趣相投、共创心流，任务集群、共享自由"为主要特征的劳动教研新模式，服务了区域教育高质量发展，进而驱动了新质生产力的形成。

（二）丰富了融合思维的智能教学新案例

以"福·融"劳动教育发展新质生产力需要高质量的案例来支撑，2023年12月，为构建大中小学一体化劳动教育体系，持续发挥劳动教育树德、增智、强体、育美的综合育人价值，发展新质生产力，广东省深圳市教育局组织开展了首批深圳市劳动教育示范学校的申报评选工作。在这次评选活动中，福田区呈现出以"三融三合""数字化和智能化"为特征的、丰富多彩的"福·融"劳动教育发展新质生产力的案例研究。经过初评申报、现场

评议、实地考察等程序，共有八所学校被评为首批深圳市劳动教育示范学校，全方位展现了福田区通过弘扬劳动教育主张、开发劳动课程体系和加强劳动教育日常管理来发展新质生产力的案例特色。

（三）形成了优质均衡的幸福教育新生态

福田作为深圳市传统教育强区，秉持"让每一个儿童幸福成长"的追求和"本真、适才、普惠、优质"的理念，坚持格局制胜、创新制胜、品质制胜和实干制胜的策略，在更高站位上推进"福·融"劳动教育发展新质生产力，形成了优质均衡的幸福教育新生态。日前，福田作为全国首批、广东省第一个县（区）正式通过国家义务教育优质均衡发展区的验收，为全国人口高密度的城市中心城区义务教育优质均衡发展提供了"福田样板"和"福田担当"。

实施"福·融"劳动教育以及以"福·融"劳动教育发展新质生产力，才刚刚起步，对其的探索和实践，我们将永远在路上。

劳动伦理视域下劳动任务群教学的实践和探索

——以小学1—2年级任务群四为例

将劳动从综合实践活动课程中独立出来，是《义务教育课程方案（2022年版）》在课程设置上的重要变化和优化，而用十大任务群来设计劳动课程的内容又是《劳动新课标》的主要亮点和特色，因此，加强对劳动任务群教学的研究和实践，使其符合劳动伦理的要求和诉求，就成为新时期义务教育阶段实施劳动课程、实现劳动育人的首要话题和课题。

东北大学马克思学院院长田鹏颖教授说过："劳动不仅是一种生产实践活动，更是一种深含伦理意义的道德活动。"因为劳动创造了人和人的自由，同时也创造了人作为一个道德的主体，以及由此展开和形成的各种伦理关系。在传统的劳动课程教学中，因为认知和行为上的偏差，学生感觉劳动最辛苦、没有幸福感，劳动乃体罚、没有公平感，劳动很低下、没有尊严感，劳动受限制、没有自由感，这就迫切需要和呼唤在劳动伦理的视域下来探索劳动任务群的教学。

教育部义务教育劳动课程标准组组长、南京师范大学劳动教育研究院院长顾建军教授说过："劳动教育是一种播种幸福的教育，要抓住这个灵魂来科学实施。"劳动是人迈向幸福的桥梁，也是人实现幸福的基本条件，而劳动伦理则是人类在劳动中所体现的人与人相处的各种道德规范和要求。 在劳动伦理视域下来探索劳动任务群的教学，对弘扬"劳动最光荣、劳动最崇高、劳动最伟大、劳动最美丽"的劳动价值观、"空谈误国、实干兴邦"的劳动过程观、"业精于勤荒于嬉"的劳动技能观和"谁知盘中餐、粒粒皆辛苦"的劳动成果观有着特殊与特有的意义。

在《劳动新课标》中，小学1—2年级设有任务群四（农业生产劳动），其内容为："根据实际情况，种植和养护1—2种当地常见的水培或土培植物，如绿萝、文竹等，或饲养1—2种小动物，如金鱼、蚕等。结合具体植物养护或动物饲养活动，观察植物的生长发育情况，了解小动物的生长发育情况与生活习性，知道身边常见动植物的养护方法，培养对动植物的喜爱之情。"

本文以这个任务群为例，分享深圳市福田区在劳动伦理视域下劳动任务群教学的探索和实践。

一、确立大伦理观追求幸福的劳动

马克思主义关于劳动的基本观点是，"劳动创造了人""劳动是人类谋生的手段"和"劳动是人的本质"，所以，劳动不可避免地涉及劳动过程中人与人之间的各种关系，形成人与人相处的道德准则——劳动伦理。但我们注意到：尽管劳动任务群是新课程内容的主要载体，但学生才是劳动课程教学的中心。确立以学生为中心的大伦理观，就是要在劳动课程教学中，把学生的利益摆在中心地位，作为最终目的和最高原则，把学生对美好生活的向往作为始终不渝追求的教育目标。所以，劳动任务群教学作为一种含有大伦理意义的道德活动，其宗旨是要使学生热爱劳动并在劳动的过程中，感悟劳动就是人的本质和意义，体悟劳动是幸福之源并且切切实实地从中获得幸福感。

在小学1—2年级的任务群四教学的第一阶段，我们认识到：这个任务群的教学涉及种植、养护或饲养等农业生产劳动的基本知识和基本技能的学习，也涉及劳动观察和劳动记录等学习研究的习惯与品质培养。但我们更认识到：这个任务群追求的是要培养学生对动植物的喜爱之情。所以，在这一阶段，我们主要帮助学生明确了学习目标：在劳动过程中，不断加强自身的价值判断和选择的能力并且创造出自己的价值，形成和谐的师生关系、同伴关系甚至亲子关系，维护和提升正确的道德规范，从中体悟劳动的幸福并且获得幸福，真正形成对动植物的喜爱之情。

二、遵循大教育观彰显公平的劳动

以公平为基础，实施公平、高质量、人民满意度高的劳动教育，发挥劳动教育在"五育"并举中的重要作用，培养担当民族复兴大任的时代新人，是党的二十大以来我们必须遵循的大劳动教育观。同时，劳动公平也是劳动者追求的永恒话题，因为对于一名劳动者而言，劳动之前要追求劳动机会的公平，劳动过程中要追求劳动权利保护的公平，劳动结束要追求劳动成果分配或者劳动报酬取得的公平。而竞标则是（投标者）互相竞争以争取中标的一种游戏，竞标因为其公平、公正和公开的特点，现已成为政府、企业和单位等普遍采用的购买方式。所以，竞标、劳动和劳动教育有着共同的价值追求与原则，让学生尽早地接触竞标，除了能让其尽早地了解社会外，还能让其更深刻地理解劳动的公平性原则，从而自觉守护劳动者的价值，实现劳动教育的应有之义。

在小学1—2年级的任务群四教学的第二阶段，我们把"种植和养护植物"或者"饲养小动物"当成需要在教室里完成的两个任务，让全班学生以小组为单位参加竞标，竞标成功的两个小组，分别完成上述两个任务。在竞标的过程中，体会劳动机会的公平性，在完成任务的过程中体会劳动权利保护的公平性并且培养学生正确的劳动观念、劳动精神、劳动技能、劳动习惯和品质，在完成任务后，体会劳动评价和奖励的公平性。

三、强化大项目观突出尊严的劳动

大项目是一个指向深度概念理解和核心素养的课程实施主题与任务，而劳动大伦理观和大教育观需要转化为探究性劳动大项目，才能让其真正落地生根。这里的大项目可以是劳动任务群，也可以是不同任务群的内容组合成的项目，还可以是劳动和其他学科跨学科组成的项目。强化大项目观，需要实施项目式学习。在通常情况下，项目式学习是在真实问题情境中以小组为单位开展的、以设计为基础的、围绕问题和问题解决为中心的学习，其强调问题必须是学生身边的真实问题，是除了要关注技术性外还要关注社会性的问题，是具有挑战性的问题，是跨学科的问题；问题解决强调需要一个方案，需要小组分工、合作、交流，需要符合逻辑、能够分工合作，需要落地于产品，需要能够评价产品。项目式学习不仅适合所有大项目的学习，尤其适合所有劳动任务群的学习，还能够使学生在学习的过程中，通过自身任务的完成和价值的实现，体会到被尊重的需要，使劳动成为一项有尊严的劳动。

在小学1—2年级的任务群四教学的第三阶段，我们把"种植和养护植物"和"饲养小动物"整合成一个大项目：建设班级动植物角，让竞标未成功的另外两个小组共同完成这个大项目，具体要求通过项目式学习的方式，进行小组分工、共同设计方案、分工完成设计、最后形成产品并接受评价。在这个完整的过程中，学生在心理上会不断得到正向的激励，产生一种有尊严的主观感受，从而在为自身创造价值的同时，也为小组创造了价值，更为将来服务社会创造价值打下了基础。

四、形成大劳动观实现自由的劳动

要发挥劳动教育在树德、增智、强体、育美等方面的综合育人功能，就必须确立大劳动观，注重劳动教育的无痕性，改变"有劳动无教育"的现象，在润物细无声中发挥劳动教育的价值、作用和意义。所谓大劳动观，就是不一定把劳动看成当下的一门课程，甚至也不一定把劳动看成未来可能的职业或者事业，而是把劳动看成一种氛围、一种生态、一种样态的存在。在大劳动观下，努力使每个人都把劳动产品当成自己发现、欣赏和审美的对象，让劳动成为自由自在的劳动。

在小学1—2年级的任务群四教学的第四阶段，我们让每一个学生都自由选择参与其中一项劳动任务，老师淡化项目和课程的概念，减少评价，让学生根据自己的喜好尽情发挥。这时候，劳动就不再是一项任务或者课程，而可能是学生生存、生活和生长的一种自然状态，这样自然的状态，有利于学生在"个人世界""班级世界""学校世界""家庭世界""社会世界"中自由自在地劳动，最终促进学生全面、自觉、健康和可持续地发展。

总之，对于劳动伦理视域下劳动任务群教学的探索和实践，我们永远在路上。

下 篇

应用案例

"福·融"劳动项目式学习案例：
番薯嘉年华

一、项目基础内容

（一）项目主题

番薯嘉年华。

（二）授课年级

五年级。

（三）驱动性问题

如何让番薯变成餐桌上孩子们喜爱的美食？

（四）项目成果作品

番薯思维导图、观察日记、番薯饼、番薯义卖款。

（五）21世纪技能素养（5C）

文化传承与理解、创新沟通与合作。

（六）核心学科

劳动、科学、语文、信息技术。

（七）学习目标

1. 学科目标

（1）通过参与番薯实践活动了解番薯的生长、利用与烹饪方式。培养学生热爱自然的情感和珍爱植物的态度。

（2）掌握种植需要的环节，初步掌握一些种植方法，学会栽种一种植物。

（3）学会艺术化处理番薯，制作食谱，提高学生的创新意识和动手能力，并最终呈现作品。

（4）围绕"'薯'你最有趣"这个大主题找到自己感兴趣的内容发现问题，并将它转化为研究小课题继续自主研究，发展综合实践活动的能力和探究精神。

2. 素养目标

（1）人文底蕴：从语言维度上来讲，要求学生实现语言知识积累和建构，从而顺利进行语言运用。

（2）科学精神：具有好奇心和想象力，有坚持不懈的探索能力，能大胆尝试，积极寻求有效的问题解决方法。

（3）学会学习：培养学生乐学善学、勤于思考的能力。

（4）责任担当：培养学生社会责任感。

（5）实践创新：培养学生在日常活动、问题解决、适应挑战等方面形成实践创新意识。

（八）学生项目学习进度分任务

（1）了解番薯。

（2）种植番薯。

（3）挖番薯。

（4）做番薯。

（5）卖番薯。

（九）资源准备

电脑室、番薯种、育苗杯、种植工具和场地。

二、项目进度设计

项目进度设计见表1。

表1　项目进度设计

分任务	项目学习内容	可见进展
了解番薯	1.查找资料，全面地了解番薯。 2.绘制思维导图。 3.根据思维导图，进行信息筛选，整理	全面了解番薯的知识，全面美观地完成思维导图
种植番薯	1.讨论实践种植番薯，制订种植计划。 2.种植番薯。 3.观察记录种子发育的过程，写观察日记	完成了种植步骤，成功种植番薯，观察日记细致、美观、全面
挖番薯	1.讨论怎样才能更快地找到番薯。 2.挖出完整的番薯，评选挖番薯小能手	挖得快，挖得多，挖得完整
做番薯	1.制定食谱。 2.做番薯大餐	步骤完整，条理明确。菜品丰富，且色香味俱全
卖番薯	番薯食品义卖，通过以上活动加深对番薯的了解，能流利地向他人介绍自己的产品，积极推销自己的产品	语言表达流畅，生动有趣，推销出所有产品

进度任务一：知薯我最全

项目学习目标：在真实情境中调研，参与番薯的实践活动了解番薯的相关知识，全面系统地认识番薯，增强学生自主计划并开展活动的意识，培养学生有礼貌、有耐心、独立思考、团结协作、不断学习的生活态度。

【学习成果】

思维导图。

【所需时长】

2课时。

【材料与准备】

电脑室、纸笔。

【项目学习步骤过程】

项目入场导语：时值金秋，正是番薯成熟的季节，番薯是怎么种的？什么季节可以丰收？番薯可以做成哪些美食？让我们和番薯来一个亲密接触，通过看看、说说、玩玩、尝尝等活动，积累有益的相关经验，发展我们的动手能力，同时体验劳动的艰辛和收获的喜悦。

活动一：查找资料，全面地了解番薯

技术教师教会学生收集、复制、整理资料的技术，学生小组分工，从种类、营养价值、由来、生长过程等方面分工收集番薯的信息。

活动二：绘制思维导图

思维导图是一种融图形与文字于一体，开发思维潜力、提高思维能力的简单高效的工具。结合思维导图我们可以从外观、品种、价值、生长过程、怎么做等方面，全面地了解番薯，将思维可视化。

活动三：根据思维导图，进行信息筛选、整理有效信息

学习作品评价量规见表2。

表2　学习作品评价量规

A	B	C	D	自评	师评
不了解番薯，没有完成思维导图	了解番薯的部分知识，完成部分思维导图	了解番薯的大部分知识，完成大部分思维导图	全面了解番薯的知识，全面、美观地完成思维导图		

进度任务二：种薯我能行

【项目学习目标】

通过种植番薯，认识到食物的来之不易，提高学生均衡饮食、珍惜粮食的意识，获得有积极意义的价值体验。学习成果：番薯、种植计划、番薯日记。

【所需时长】

1课时。

【材料与准备】

番薯种、育苗杯、种植场地和工具。

【项目学习步骤过程】

项目入场导语：番薯是怎么长出来的？种番薯需要准备什么？番薯怎样种？怎样种番薯会使番薯长得又大又好？这些问题只要我们行动起来就能一一解决。快让我们动起手来吧。

活动一：制订种植计划

依据OKR工作法将种番薯作为总目标，将番薯种植过程中的各个阶段，如播种、育苗、移盆、收获当作关键目标，制订完成计划。

活动二：种植番薯

番薯种植步骤如图1所示。

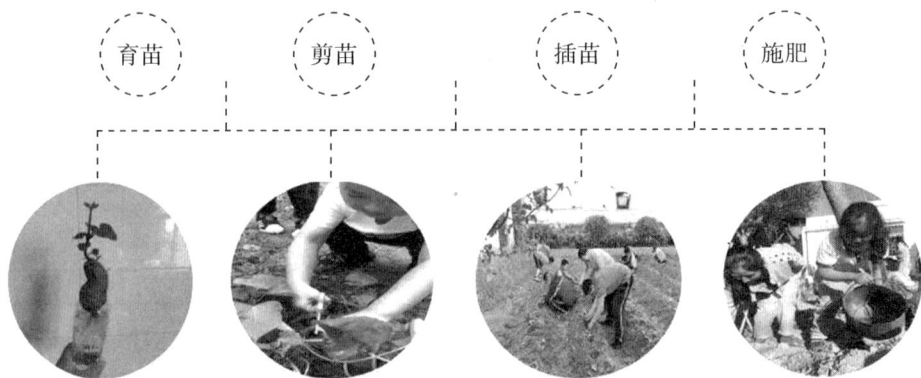

图1　番薯种植步骤

活动三：观察日记

结合自己种植的过程，观察记录种子发育的过程，感受种植劳动过程的艰辛。

学习作品评价量规见表3。

表3　学习作品评价量规

A	B	C	D	自评	师评
没有成功种植。没有观察日记	完成了种植的几个步骤，但没有成功种植番薯，完成了部分观察日记	完成了种植步骤，但没有成功种植番薯，完成了观察日记	完成了种植步骤，成功种植番薯，观察日记细致、美观、全面		

进度任务三：挖薯我最棒

【项目学习目标】

通过挖番薯，认识到劳作的不易，发展学生的动手能力，同时体验劳动的艰辛和收获的喜悦。

【学习成果】

番薯。

【所需时长】

1课时。

【材料与准备】

挖薯工具和收纳桶。

【项目学习步骤过程】

项目入场导语：怎样才能更快地找到番薯，并挖出完整的番薯？想要快点见到我们的番薯宝宝吗？让我们动起手来吧！

活动一：挖番薯

教师带领学生挖番薯，让学生感受劳动的乐趣。

活动二：比一比（挖番薯小能手）

在鼓励学生参与活动的同时，开展比赛，比一比谁的番薯挖得多。

按照学习作品评价量规（表4）进行比较。

表4　学习作品评价量规

项目指标	A	B	C	D	自评	师评
挖得快，挖得多，挖得完整	没有挖到番薯	挖到番薯，但不完整	挖到番薯	挖得又多，又完整		

进度任务四：薯宴我来做

【项目学习目标】

通过查找资料了解番薯，制定有关番薯的食谱，制作番薯大餐，提高学生均衡饮食、珍惜粮食的意识，获得有积极意义的价值体验，提高综合实践活动的能力和探究精神。

【学习成果】

番薯菜肴。

【所需时长】

1课时。

【材料与准备】

番薯、糯米粉、澄面、细砂糖、猪油、南瓜等。

【项目学习步骤过程】

项目入场导语：番薯能做出什么样的佳肴？让我们动手试一试吧！

活动一：查资料，了解番薯

查找资料了解番薯的营养价值，以及它有什么副作用，有助于我们全面了解番薯，更加健康地饮食。查找番薯还有什么令人喜欢的不同做法？试着做一做。

活动二：尝试做番薯饼

番薯削皮切块蒸熟；糯米粉和澄面混合，隔水蒸熟；番薯压烂成泥，然后与蒸熟的粉类揉匀；待粉团稍凉加入细砂糖再揉匀，再加入猪油揉匀；打饼造型；蒸熟。

活动三：新型菜式

见识过蛋黄南瓜的咸香酥脆，你吃过"蛋黄番薯"吗？外焦里嫩的蛋黄番薯比起蛋黄南瓜有过之而无不及，最能让人回味无穷。

学习作品评价量规见表5。

表5 学习作品评价量规

项目指标	A	B	C	D	自评	师评
发散思维，动手制作的能力	没有步骤没有想法，没有成品	步骤欠缺混乱，没条理，缺少成品	步骤完整，菜品完整呈现	步骤完整，条理明确。菜品丰富，且色香味俱全		

进度任务五：番薯周边义卖

【项目学习目标】

通过以上活动加深对番薯的了解，能流利地向他人介绍自己的产品，积极推销自己的产品。从语言维度上来讲，要求学生实现语言知识积累和建构，从而顺利进行语言运用。

【学习成果】

义卖款。

【所需时长】

1课时。

【材料与准备】

摆台、菜肴产品。

【项目学习步骤过程】

项目入场导语：番薯菜肴出品啦！让我们尝试将自己的产品推销出去吧！

学习作品评价量规见表6。

表6　学习作品评价量规

项目指标	A	B	C	D	自评	师评
积极表达,推销自己的产品	没有推销自己的产品	语言表达不流畅。推销出一些产品	语言流畅,推销出大部分产品	语言表达流畅,生动有趣,推销出所有产品		

三、项目评价

对照华南师范大学教师教育学部部长、博士生导师王红教授的观点,来观察"番薯嘉年华"的案例,不难发现其有"三个一"的特点。

（一）一种项目与生活互动的学习环境：创设了真实的问题情境

为了提高学生参与"番薯嘉年华"的主动性和积极性,"番薯嘉年华"创设了与学生实际生活相契合的真实问题情境,并将劳动项目的核心环节和元素有机嵌入学生所处的时代层面、社会层面和道德层面的境脉中,使学生"无意中"遇到"被有意"设置的问题。在这里,创设真实问题情境"充分考虑了在真实的问题情境中赋予学生具体的人物角色,使学生产生角色认同感,从而明确劳动的意义""为角色设置具体的工作场景"和"为劳动项目的成果设定明确的用户"。

（二）一种项目与学生理解的内在逻辑：提供具体的劳动任务

"番薯嘉年华"劳动任务群落地于一个个具体的劳动项目任务,关注学生对劳动项目任务的领悟,可以精准提升学生参与劳动项目的质量。"番薯嘉年华"劳动项目任务的设计满足了"劳动项目具体到学生认知范围之内,使学生全部领悟要完成的劳动项目任务""清楚表达问题,使学生理解表现良好的具体要求""与学生的实际生活相关,激发学生劳动的欲望"和"学生在劳动项目任务过程中不是被动适应,而是主动体验劳动的精彩"的要求。

（三）一种确保学生真实体验劳动项目的实践：完整的劳动过程

"番薯嘉年华"劳动项目式学习的过程性评价以既定的劳动任务为观测点，既重视预设的劳动成果，也重视劳动目标的生成及本身的真实样态，更重视全息评估学生参与劳动实践的全过程和有始有终的体验，以更好地反映劳动项目式学习的全貌。另外，还遵循劳动项目的过程性特征，注重过程性目标和过程性评价的彼此呼应，树立"过程也是目标，为目标而评价"的理念，设计符合学生认知特点和能激发学生劳动兴趣的劳动任务，不仅让学生习得基本的劳动知识和技能，而且在解决真实问题的过程中强化对劳动价值的认知和体会，发展学生的劳动核心素养。

"福·融"劳动周活动设计案例

一、活动主题

品茶韵润童心。

二、活动背景

为贯彻落实《中共中央 国务院关于全面加强新时代大中小学劳动教育的意见》文件精神，全面提升学生的劳动素养，增进学生对中华优秀传统文化的了解，感受茶文化的博大精深，让学生在劳动实践中体验劳动的光荣与快乐。现组织全体学生开展"品茶韵润童心"主题劳动周活动，积极整合校内、校外劳动教育资源，倡导家校社一体化协同育人。本次劳动周以培养学生核心素养为目标，以"识百茶、闻茶香、习茶艺和制茶品"为劳动周特色，内容包括专题讲座、劳动技能竞赛、劳动成果展、劳动实践等多种形式，根据不同年龄段的学生设置了丰富多彩的劳动实践项目。通过劳动周的活动，学生可以树立正确的劳动价值观；锻炼劳动能力，培养良好的劳动习惯和劳动品质；培养积极的劳动精神，以"茶叶"特色劳动周为切入点谱写劳动教育这篇"大文章"。

三、活动目标

劳动周活动总目标：全面提升学生的劳动素养。

（一）劳动观念

（1）培养热爱劳动的情感，自觉自愿参与劳动。

（2）弘扬和传承中国文化，形成劳动创造美好生活的正确观念。

（二）劳动能力

（1）掌握识别不同茶的方法，了解茶的特色和功效以及相关文化。

（2）掌握简单的采茶、制茶技术。

（3）能利用一种茶或几种茶制作茶蛋糕、奶茶、养生茶等。

（4）在劳动实践中有自己的创意，二次开发茶的价值。

（三）劳动习惯和品格

（1）遵守劳动纪律和安全规范。

（2）在劳动实践中初步养成认真负责、有始有终的劳动习惯和品质。

（3）在小组合作中，小组成员互相合作、互相沟通、共同努力、共同负责、共享劳动成果，激发起劳动内驱力。

（四）劳动精神

（1）在劳动过程中不怕脏、不怕累、肯吃苦耐劳；主动承担力所能及的劳动，遇到困难不退缩，积极应对解决。

（2）通过辛勤劳动和创新精神传承中华文化，以劳动为荣。

四、活动实施过程

（一）制订方案，搭建劳动周整体框架

学校以"茶主题劳动周"领导小组召开劳动周工作布置会，详细解读《劳动周实施方案》，方案内容从时间安排、主要内容、人员分工、活动保障、活动评估等方面进行整体设计、搭建起劳动周活动整体框架。

（二）合理设置劳动周项目，涵盖多种活动形式

《劳动周实施方案》详细制订了五天的劳动周活动计划，方案细化到每一天的劳动项目，覆盖日常生活劳动、生产劳动、服务性劳动三大类劳动内容，活动形式包括：劳动知识讲座、劳动技能竞赛、劳动成果展、劳动项目实践等。劳动任务的安排充分考虑综合化、科学化、序列化，分年级进行梯度设计，按照"简单—复杂—综合"的程度循序渐进，搭建广阔的平台让学生各显身手。

劳动周领导小组人员分工安排见表1，劳动周主题活动安排见表2。

表1 劳动周领导小组人员分工安排

领导小组	职务	工作安排
组长	校长	统筹部署，督促各部门履行职责
副组长	副校长	指导劳动教学和培训工作
组员	教研主任	部署协调劳动活动
	总务主任	后勤保障
	安全主任	安全保障
	德育主任	统筹协调，招募家长义工
	信息主任	安排电子屏幕、摄影
	劳动科组长	活动内容策划，物料准备

表2 劳动周主题活动安排

日期	活动类型	劳动内容	劳动对象
星期一上午	启动仪式	校长宣读劳动周活动方案进行动员	全体师生
	劳动知识讲座	茶文化专家"中华茶叶"主题讲座	全体师生
	日常生活劳动	茶具大清洗	1—2年级
星期一下午	生产劳动	我是小茶农（茶叶的采摘、制作过程）	3—4年级
	日常生活劳动	茶礼大鉴赏	5—6年级
星期二上午	劳动大讲堂	茶文化专家"茶叶的价值和实用"主题讲座	全体师生
	生产劳动	我是小茶农（茶叶的采摘）	1—2年级
星期二下午	日常生活劳动	茶礼大鉴赏	3—4年级
	生产劳动	我是小茶农（茶叶的采摘、制作过程）	5—6年级

续 表

日期	活动类型	劳动内容	劳动对象
星期三上午	服务性劳动	我是茶艺师（泡茶初体验）	1—2年级
	生产劳动	制作茶蛋糕	3—4年级
	日常生活劳动	茶礼大鉴赏	5—6年级
星期三下午	服务性劳动	学习茶叶烘焙的过程	3—4年级
	生产劳动	制作茶具	5—6年级
星期四上午	生产劳动	制作奶茶	1—2年级
	生产劳动	制作养生茶	3—4年级
星期四下午	服务性劳动	学习茶叶烘焙的过程	5—6年级
星期五上午	劳动知识竞赛	"百茶杯"知识大比拼	1—2年级
	劳动技能竞赛	"茶韵茶艺"鉴赏会	3—4年级
	劳动技能竞赛	"茶韵茶艺"鉴赏会	5—6年级
星期五下午	颁奖仪式	表彰	全体师生
	劳动成果分享交流会	劳动成果展示。分享劳动周体验、收获	全体师生

五、活动评价

　　劳动周活动评价注重学生劳动观念、劳动能力、劳动习惯和品质、劳动精神，既注重劳动过程也注重劳动结果。评价方法、评价主体多样（表3、表4）。

表3　"我是小茶农"劳动素养评价表

姓名　　　　　　　　　　　　　　班级

劳动素养	评价内容	自我评价	家长评价	教师评价
劳动观念	树立"一分耕耘一分收获"的观念，懂得珍惜劳动成果	☆☆☆☆☆	☆☆☆☆☆	☆☆☆☆☆
劳动能力	掌握简单的采茶、制茶技术	☆☆☆☆☆	☆☆☆☆☆	☆☆☆☆☆

劳动素养	评价内容	自我评价	家长评价	教师评价
劳动习惯和品质	1.遵守劳动纪律和安全规范。 2.在劳动实践中初步养成认真负责的品格	☆☆☆☆☆	☆☆☆☆☆	☆☆☆☆☆
劳动精神	养成持之以恒、肯吃苦耐劳的精神	☆☆☆☆☆	☆☆☆☆☆	☆☆☆☆☆
劳动反思				
同学评价				
老师点评				
综合评价				

表4 品茶韵润童心——茶主题劳动周评价表

姓名　　　　　　　　　　　班级

日期	劳动项目	自我评价	家长评价	教师评价
6月1日		☆☆☆☆☆	☆☆☆☆☆	☆☆☆☆☆
6月2日		☆☆☆☆☆	☆☆☆☆☆	☆☆☆☆☆
6月3日		☆☆☆☆☆	☆☆☆☆☆	☆☆☆☆☆
6月4日		☆☆☆☆☆	☆☆☆☆☆	☆☆☆☆☆
6月5日		☆☆☆☆☆	☆☆☆☆☆	☆☆☆☆☆
一周得星	总计　　颗星			
劳动成果				

劳动心得	
家长寄语	
综合评价	

六、活动实施保障

（一）加强组织领导

组成以校领导为核心、以劳动教师为主体的团队，对劳动教育进行科学规划，建立劳动周工作机制，明确责任分工。

（二）加强宣传引导

形成以班主任教师、劳动教师为主体的劳动宣传小组，活动前进行动员；活动后对劳动周优秀典型进行表彰，对劳动周的成果进行汇总展示，并由学校公众号进行宣传报道。

（三）制订《劳动周安全保障方案计划》

做好劳动周安全教育，明确具体活动相关责任，确保各项工作顺利开展。

七、案例评价

劳动周，又称劳动实践课，是必须进行动手操作的课程，属于必修课的一种，为期一周，故称为劳动周。劳动周是学校生活中必不可少的一项活动，学校组织劳动周活动，可以进一步发挥劳动在树德、增智、强体、育美等方面的育人价值，将培养学生的劳动观念、劳动精神贯穿劳动周实施全过程，引导学生树立正确的劳动价值观，崇尚劳动、尊重劳动，增强对劳动人民的感情，发展创新意识，提升实践能力和社会责任感，成为懂劳动、会劳动、爱劳动的时代新人。

"品茶韵润童心"的案例设计具有以下特色和亮点。

（一）注重提升学生劳动素养

以项目式活动为载体，劳动项目涵盖三大劳动类型内容共十个任务群。本次劳动周以项目式学习为依托，以学生的核心素养为目标，围绕茶文化主题设计每一个劳动项目。从劳动观念、劳动能力、劳动习惯和品质、劳动精神四个维度确定具体的学习项目，以此加强学生劳动观念、提升学生劳动能力、培养学生良好的劳动习惯和品质、塑造学生劳动精神。

（二）开展分层化的劳动项目

根据学生的学情和劳动能力，本次劳动周既设置全校性参与的劳动知识讲座，又分别设立了不同的劳动活动。例如，低年级的茶具大清洗，中年级的制作茶蛋糕、制作养生茶，高年级的制作茶具等不同难度的活动。又如，低年级的"百茶杯"知识大比拼，中高年级的"茶韵茶艺"鉴赏会中的劳动知识竞赛。学生们大显身手，激发了他们争当劳动小标兵的热情。

（三）拓宽劳动周实施途径

学校积极拓宽劳动实施途径，打造"家校社"一体化育人模式，为劳动周提供更加丰富的场地，学生在社会实践基地茶园开展"我是小茶农"活动，学习泡茶茶艺、制作奶茶、制作养生茶活动不仅仅在校内开展，还将劳动教育渗透到家庭生活，孩子们用所学茶手艺，给家人制作奶茶、养生茶，与家人一起分享劳动的快乐。

（四）构建深层劳动影响

在劳动实践后，学生撰写劳动成长手册，在班级内进行劳动成长分享，同时对所学所做进行思考积淀，将劳动实践内化于心。

"福·融"劳动项目课程开发案例

一、项目名称

茶韵童心。

二、指导思想

"茶韵童心"是以《义务教育劳动课程标准（2022年版）》为统领，以劳动课程内容十个任务群为主要学习内容，积极落实国家与地方区域办学教学指引，将劳动教育与中国传统文化融为一体，为1—6年级学生量身打造的课程。本课程以培育有序、有礼、有趣、有责、有蕴全面发展的新一代小公民为目标。

三、项目目标

（一）总目标

1.形成基本的劳动意识，树立正确的劳动观念

以茶叶为载体，认识不同品类茶叶与茶的内涵与外延，树立劳动最光荣、劳动最崇高、劳动最伟大、劳动最美丽的观念。

2.发展初步的筹划思维，形成必备的劳动能力

经历摘茶、炒茶、制茶、储茶等过程，掌握基础的评茶技能。能使用茶具与茶器，掌握泡茶的方法与技巧。能综合运用多学科知识和多方面经验，以此来形成基本的劳动意识，树立正确的劳动观念。

3.养成良好的劳动习惯，塑造基本的劳动品质

通过制作茶包、陶艺制作、竹编、造纸等课程养成良好的劳动习惯，塑造基本的劳动品质。

4.培养积极的劳动精神，弘扬劳模精神和工匠精神

学习茶叶文化历史，诵读《茶经》，学习茶艺，传承经典，体现中华民族的创造力和文化多样性，传达茶和天下、包容并蓄的理念，培养了平和包容的心态，形成了含蓄内敛的品格。培养积极的劳动精神，弘扬劳模精神和

工匠精神。

（二）具体目标

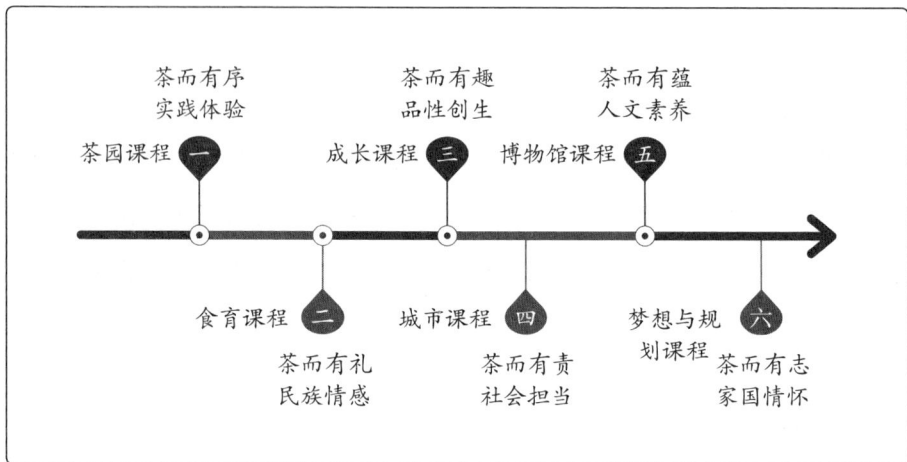

"茶韵童心"课程实施流程

"茶韵童心"课程具体目标

年级	项目主题	具体目标
一年级	茶而有序（实践体验）	1—2年级学习如何认识茶叶，从身边的茶叶看起，通过"看、闻、听、说、摸"了解其构成、习性、用途等。在识茶、辨茶的过程中培养有秩序感、有礼貌、懂礼仪的品质
二年级	茶而有礼（民族情感）	
三年级	茶而有趣（品性创生）	3—4年级将"茶文化"课程与学科课程深度融合，打通课时，通过"听、闻、思、说、比"进行课程整合；在识茶、辨茶的过程中培养有趣、有责任与担当的新一代青年
四年级	茶而有责（社会担当）	
五年级	茶而有蕴（人文素养）	5—6年级通过"种、养、观、思"系统了解和体验科学种植与养殖，在收获茶文化的基础上，通过彩绘、切割造型、艺术烙烫，进行茶叶的装饰、雕刻、镂空等艺术创作。在识茶、辨茶的过程中培养包容、含蓄、有志气、有伟大梦想的小学生
六年级	茶而有志（家国情怀）	

四、项目内容

"茶韵童心"按照《义务教育劳动课程标准（2022年版）》的思路进行总体设计，以茶叶为主题，包含人文和社会科学，是人文和社会学科的结合，它是人类在社会历史发展过程中所创造的有关茶的物质财富和精神财富的总和。全面体现茶文化把茶的自然属性与传统美德联系在一起，把人们崇高的道德情操和追求的高尚品质及人格赋予具体的茶及茶事活动之中，使之升华为茶文化，使得茶的自然属性（自然、朴实、淡泊等）与人们所倡导追求的高尚道德情操（朴实、礼让、勤俭、奉献等）融为一体，对一、二、三年段的教学内容进行统筹规划，分别确立了学段的具体内容和教育教学重点。

（一）主体内容与要求

（1）"茶韵童心"以茶与《义务教育劳动课程标准（2022年版）》为主要教学内容，以每周一节劳动课程为主阵地，整理出一至六年级义务教育小学劳动教育教材中跟茶文化有关的知识，并提出自己对茶文化课程的深入的思考，将其融入日常生活劳动、生产劳动、服务性劳动三个板块中的十个任务群与小学生的发展特点，因地制宜根据任务群安排，开发劳动项目，从活动内容、活动方式、方法指导、能力培养、评价方式的多维结构进行整体设计。

（2）形成各年级较完善的劳动清单。

（3）每学期每年级完成一个与"茶韵童心"课程相关的项目式学习。鼓励学科建设与"茶韵童心"相关的课程，项目课程主要包含活动策划、技能指导、练习实践、总结交流四大部分。

（二）不同学段（年级）内容与要求

基于《义务教育劳动课程标准（2022年版）》的十个任务群设计"茶韵童心"课程内容。

茶树的起源与发展 ─┐
茶叶知多少1：认识中国茶种类 ─┤
茶树的种植 ─┤
茶叶的采摘与储存（一）─┼─ 农业生产劳动
茶叶为何容易变质 ─┤
茶叶可以冷藏吗 ─┤
野生古茶树的分布 ─┘

六大茶发源地与茶俗文化 ─┐
饮茶的便利化（制作茶包）─┴─ 传统工艺制作

认识茶道 ─┐
采茶歌曲 ─┤
采茶舞（初级）─┤
采茶戏 ─┤
古诗中的茶 ─┤
实践：自创茶谣 ─┼─ 项目式研究
唐代以前的茶文化作品 ─┤
认识陆羽与《茶经》─┤
诵读《茶经》─┘

农业生产劳动 ─┐
传统工艺制作 ─┼─「茶韵童心」第一学段课程内容
项目式研究 ─┘

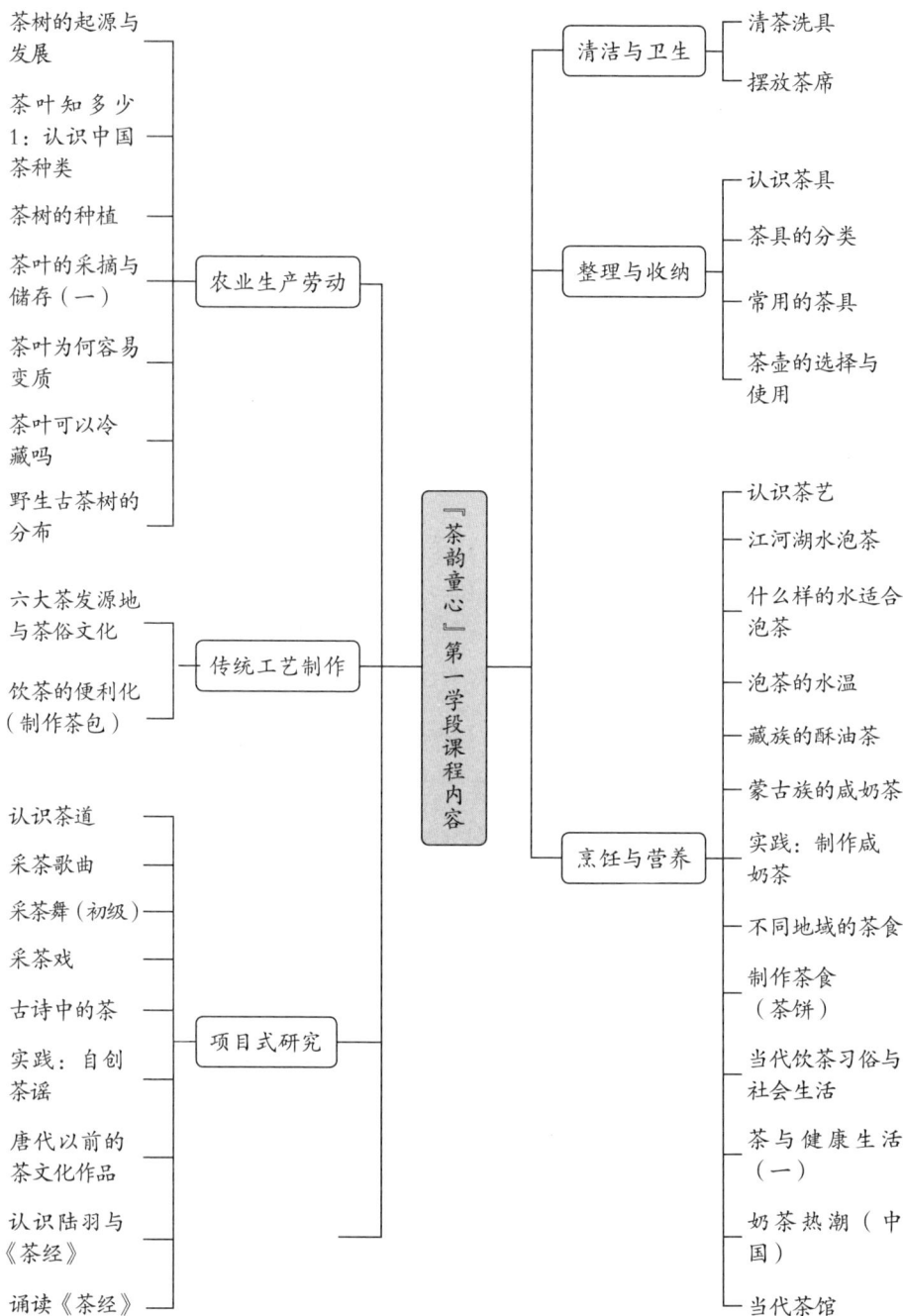

「茶韵童心」第一学段课程内容 ─┬─ 清洁与卫生
 ├─ 整理与收纳
 ├─（茶艺部分）
 └─ 烹饪与营养

清洁与卫生 ─┬─ 清茶洗具
 └─ 摆放茶席

整理与收纳 ─┬─ 认识茶具
 ├─ 茶具的分类
 ├─ 常用的茶具
 └─ 茶壶的选择与使用

认识茶艺 ─┐
江河湖水泡茶 ─┤
什么样的水适合泡茶 ─┤
泡茶的水温 ─┤
藏族的酥油茶 ─┤
蒙古族的咸奶茶 ─┤
实践：制作咸奶茶 ─┼─ 烹饪与营养
不同地域的茶食 ─┤
制作茶食（茶饼）─┤
当代饮茶习俗与社会生活 ─┤
茶与健康生活（一）─┤
奶茶热潮（中国）─┤
当代茶馆 ─┘

"茶韵童心"第一学段课程内容

茶叶知多少
2：认识中国
茶种类

茶叶的采摘与
储存（二）

新茶储存方式

常见茶叶储存
五大方法

花茶的储存
要求

人工茶树栽培

茶的制作（炒
茶、烘焙等）

农业生产劳动

制作自己的茶
杯（陶艺）

茶的味道延伸
（制作香囊）

传统工艺制作

茶文化旅游的
内涵与特点

茶文化旅游的
发展现状

奶茶热潮
（世界）

现代服务业
劳动

采茶舞（中级）

茶画

茶谚、茶联

唐代及以后的
茶文学作品

茶与丝绸之路

工艺劳动与
志愿服务

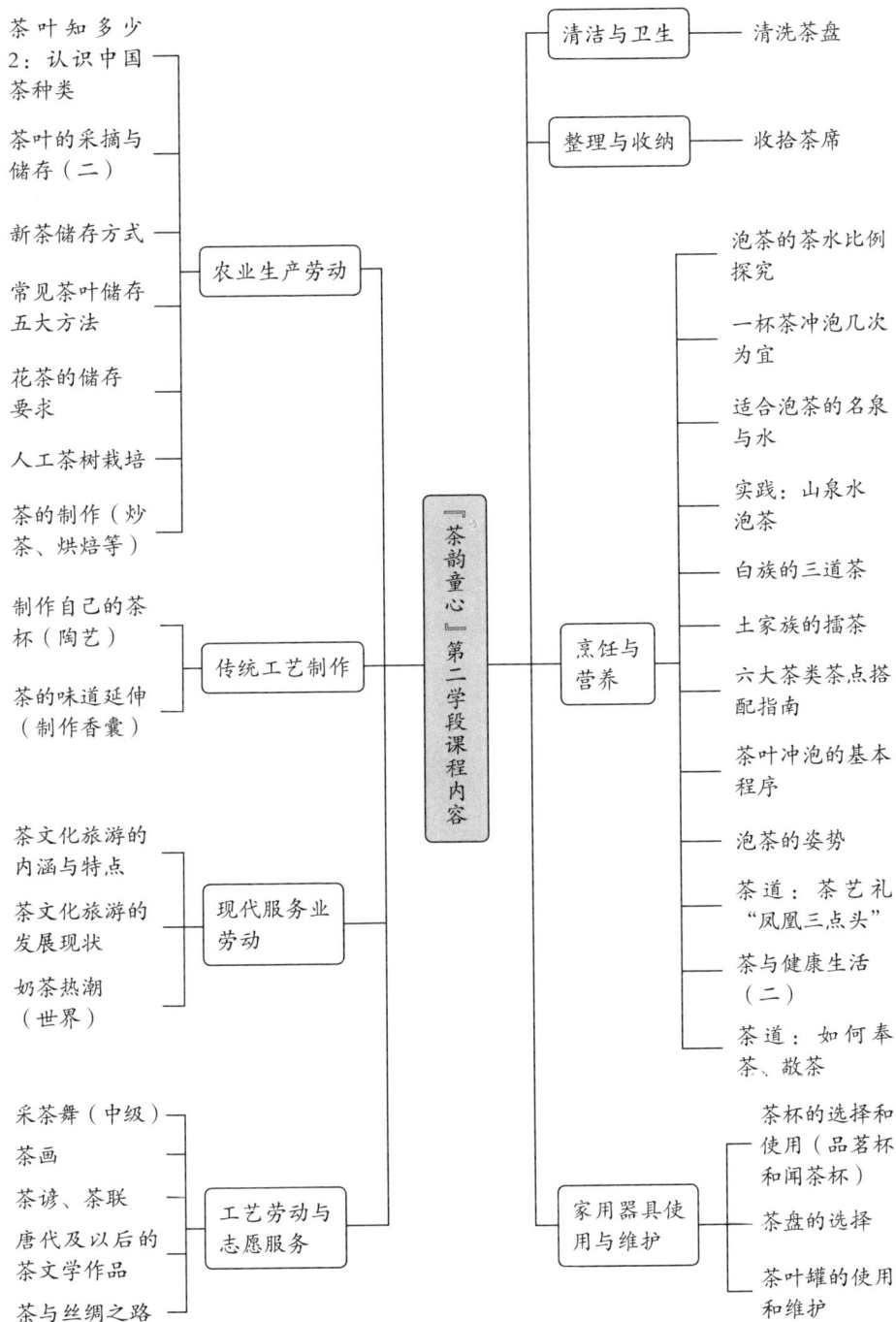

"茶韵童心"第二学段课程内容

清洁与卫生 —— 清洗茶盘

整理与收纳 —— 收拾茶席

泡茶的茶水比例
探究

一杯茶冲泡几次
为宜

适合泡茶的名泉
与水

实践：山泉水
泡茶

白族的三道茶

土家族的擂茶

六大茶类茶点搭
配指南

茶叶冲泡的基本
程序

泡茶的姿势

茶道：茶艺礼
"凤凰三点头"

茶与健康生活
（二）

茶道：如何奉
茶、敬茶

烹饪与
营养

茶杯的选择和
使用（品茗杯
和闻茶杯）

茶盘的选择

茶叶罐的使用
和维护

家用器具使
用与维护

"茶韵童心"第二学段课程内容

143

茶叶的采摘与储存（三）──┐
茶叶的品质评定 ─────┤── 农业生产劳动
不同茶叶的储存要求 ───┤
受潮茶叶的处理方法 ───┘

"茶"字演变的历史茶与书法 ─┐── 传统工艺制作
茶的包装 ───────────┘

　　　　　── 工业生产劳动

认识茶园智能灌溉系统 ── 新技术体验与应用

我在校园开茶点：做中国特色茶 ─┐── 现代服务业劳动
他国的茶俗文化：日、韩、英 ──┘

近现代茶馆文化 ── 工艺劳动与志愿服务

采茶舞（高级）─┐
古诗中的茶 ───┤
茶与影视文化 ─┤── 项目式研究
茶马古道 ────┤
茶马胡市 ────┘

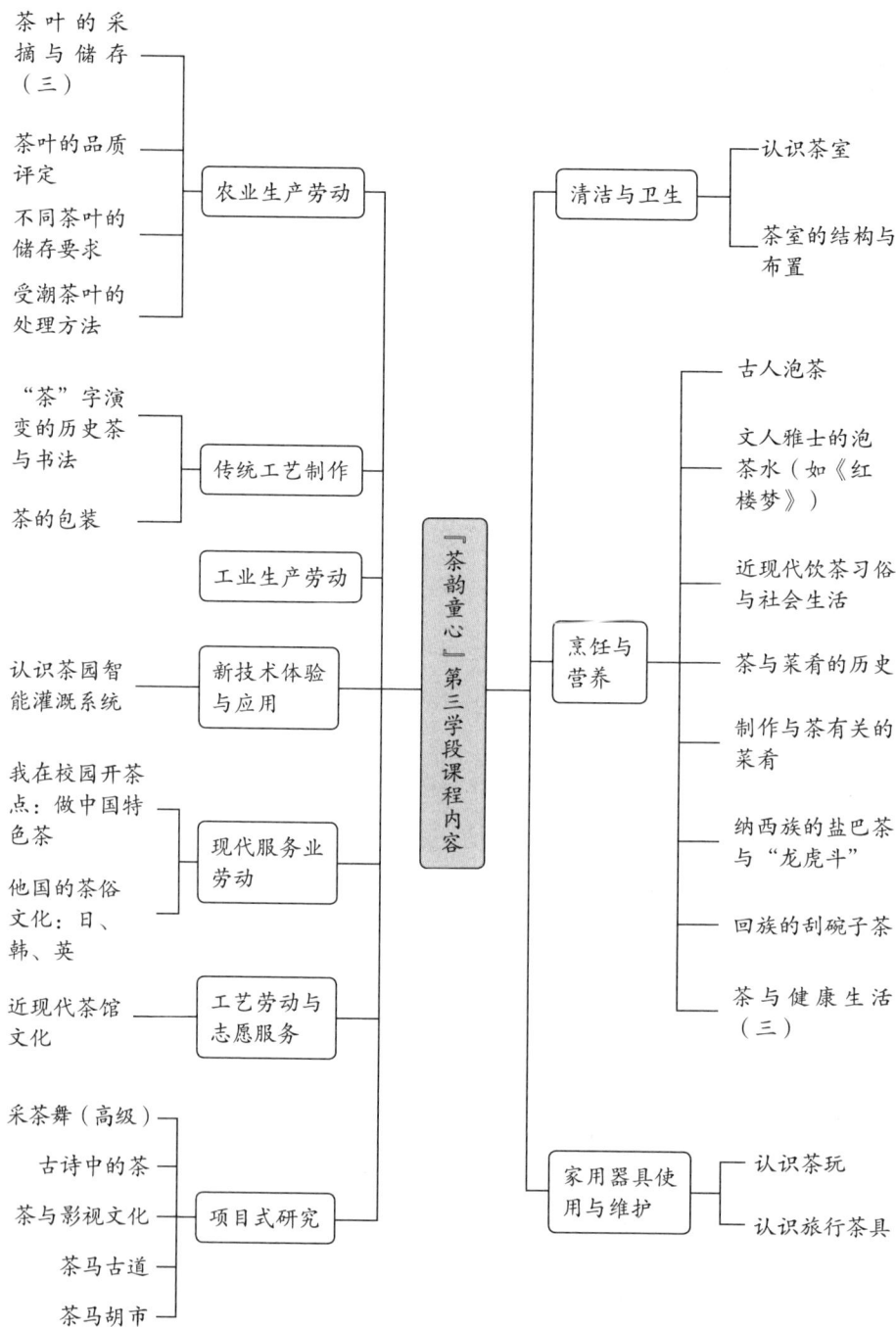

"茶韵童心"第三学段课程内容

清洁与卫生 ─┬─ 认识茶室
　　　　　　└─ 茶室的结构与布置

烹饪与营养 ─┬─ 古人泡茶
　　　　　　├─ 文人雅士的泡茶水（如《红楼梦》）
　　　　　　├─ 近现代饮茶习俗与社会生活
　　　　　　├─ 茶与菜肴的历史
　　　　　　├─ 制作与茶有关的菜肴
　　　　　　├─ 纳西族的盐巴茶与"龙虎斗"
　　　　　　├─ 回族的刮碗子茶
　　　　　　└─ 茶与健康生活（三）

家用器具使用与维护 ─┬─ 认识茶玩
　　　　　　　　　　└─ 认识旅行茶具

"茶韵童心"第三学段课程内容

（三）课时安排

1. 长短结合

根据内容选择和实施需要，采用长短结合的课程组织形式，即部分课程实行一学期的长学时制，部分课程实行半学期或四分之一学期的短学时制，旨在给学生提供更多的选择机会。

2. 滚动推进

劳动课程实施安排

学段	劳动课程	社团课	实施场地
第一学段	一周一节	—	校内劳动基地+农科所+假期研学劳动基地+劳动教室
第二学段	单周一节+双周两节	开设	校内劳动基地+农科所+假期研学劳动基地+劳动教室
第三学段	单周一节+双周两节	开设	校内劳动基地+农科所+假期研学劳动基地+劳动教室

以每周一节劳动教育实践课为必修课程，与社团选修课程为课程实施主渠道，成立每月一主题的"茶韵童心"项目式学习。鼓励教师将"茶韵童心"课程与学科课程教学相融合。

3. 教师人员安排

由深圳市内大学和科研院所的教授、硕士生导师为专业课程教师。校内劳动实践课程教学协助开展整体课程的实施，鼓励学科教师开展跨学科教学与多学科融合学习。

（四）课程评价

"茶韵童心"劳动教育课程的核心价值在于以学生的全面发展为本，将劳动素养纳入学生综合素质评价体系，以课程目标、内容要求为依据。

（1）将"茶韵童心"劳动教育的评价融入学生综合素质评价体系。将劳动课出勤、劳动实践活动参与、劳动作品或产品的展示纳入"基础学分"；

将劳动技能竞赛、有相对成体系的劳动成果纳入"绩点学分";将劳动成果获奖和劳动重大突破纳入"奖励学分"。根据学生所获得学分评出"尚礼小少年""尚礼好少年""尚礼小茶师"。

（2）过程性评价和终结性评价相结合，形成"'茶韵童心'劳动教育课程评价表"。在课程实施过程中对学生劳动成果、劳动技能进行评价，在阶段性任务完成后对学生在劳动过程中呈现出来的劳动观念、劳动精神、劳动知识、劳动习惯、劳动品质五个维度，分年级构建劳动素养评价体系，全面反映学生的劳动综合素养和能力。

① 劳动认知。主要体现在对茶叶、茶树、茶具、茶品的认识、辨识与使用工具、安全知识、技术知识上。

② 劳动能力。主要体现在正确的采茶、制茶全过程，茶具的正确使用，泡茶、品茶等基本劳动技能的掌握上，即通过多种途径获取知识；完成劳动任务、运用已有的知识解决问题，掌握基本（设计、操作、协作等）劳动技能。

③ 劳动习惯。主要体现在劳动前工具、材料的准备上，劳动中有规划、有秩序完成任务的意识上，劳动后收拾场地的习惯上，逐步养成自觉劳动、安全劳动、坚持劳动的习惯。

④ 劳动情感。主要体现在学生参与劳动的热情和积极性。按认同劳动、尊重劳动、热爱劳动三个方面进行评定，即认真参加情绪饱满、积极努力完成任务、善于学习资料收集、热爱学习乐于参加，并珍惜劳动成果。

终结性评价：展示式评价与分享式评价相结合。班级、学校通过节日主题活动为学生提供展示劳动成果的平台，及时在微信公众号、班级群、各大媒体宣传学生的个性化成果。让学生体验劳动带来的快乐；利用主题队会活动，分享劳动感受和劳动经验；创建"茶韵童心"劳动教室，作为劳动创新展示与分享的平台，激发学生探究和创新意识。

"茶韵童心"劳动教育课程评价表

过程性评价		学生自评	小组评价	教师评价
第一维度	第二维度			
劳动认知	使用工具 安全知识 技术知识			
劳动能力	设计能力 操作能力 协作能力			
劳动习惯	自觉劳动 安全劳动 坚持劳动			
劳动情感	开拓创新 吃苦耐劳 珍惜成果			
终结性评价				
班级成果展示				
校内成果展示				

"茶韵童心"小组活动记录单

活动项目		
活动目标		
参与学生		
第一次	实践步骤	
	活动感受	
	需要改进的地方	
第二次	是否解决了存在的问题	
	是怎么解决的	
	还有哪些没有解决,预案是什么	
	活动感受	
第三次	可以根据实际情况进行第三次、第四次劳动实践活动,直到自己觉得已经达到了活动目标,掌握了能力	
活动成果（可附照片）		

五、项目评价

对照华南师范大学教师教育学部部长、博士生导师王红教授的观点，来观察"茶韵童心"的案例，不难发现其有"三个一"的特点。

一种激发学生自主劳动的、科学的劳动支架

根据学生与劳动实践的需求提供了多种类型的"脚手架"："设置好有关问题和情境，提供劳动知识与技能的支持，帮助和引导学生回忆生活中的劳动所使用的方法""有策略地引导学生通过多个关联性、跨学科知识间的递进关系建构形成劳动目标性知识，提供劳动知识的支持，为更好开展劳动实践创设良好的知识结构和环境"和"做好预判，根据不同特点学生的需求提供劳动实践所需的扩展性工具，提供劳动工具支持，辅助学生劳动实践成果的形成与升华"。

一种注重表现性劳动项目的学习质量评价

准确把握劳动素养与劳动表现之间的内在逻辑关系。一方面，教师充分发挥评价的导向和监测功能，有意识地从"劳动与自我、他人、自然、社会"多元互动的视角理解学生的具体表现，和学生成为整个评价的交互、协同主体，让师生共同参与其中，让每一个参与者都有发言权和评议，在共同的评价中，才能更明确什么样的劳动项目更适合培养学生劳动素养。另一方面，系统开发促进学生劳动素养的评价体系和劳动项目质量评价标准，不仅要体现劳动素养和劳动项目实践的基本要求，还要能促进学生规范和改进不良行为和习惯，不断提升自己的劳动素养表现层级。

一种升华劳动项目的实践体验、反思与领悟

任何劳动项目的结果体验都是指学习者对劳动项目实践结果的心理反馈、反省、思考与总体评价，是决定学习者持续使用或退出劳动项目的关键所在。这个劳动项目的最终形态和要素，指向的是劳动项目留在学生劳动实践中的经验所得，这是考量劳动项目是否真正发生教育行为的关键指标。

在这个劳动项目实践的最后环节，建议采用劳动档案袋方式，通过撰写劳动故事、劳动日记、劳动作品展示等引导学生深度反思，并通过学生展示劳动成果的平台，在多元交流中引导学生对劳动项目进行复盘和建构，避免权威回归教师。

"福·融"劳动大单元教学案例：
春节话年画，寻味中国年

一、基础内容

（一）大单元的项目或主题名称

春节话年画，寻味中国年。

（二）适用年级

五年级。

（三）大单元教学设计原则

依据劳动课程标准，聚焦劳动课程核心素养，围绕"春节话年画，寻味中国年"的项目或主题，对课标任务群的内容重组形成新的学习单元并对其进行整体思考、设计和组织实施。

（四）任务群和劳动场域

所属任务群和劳动场域见表1。

表1　所属任务群和劳动场域

所属任务群	○日常生活劳动	◎清洁与卫生	◎整理与收纳
		○烹饪与营养	◎家用器具使用与维护
	◎生产劳动	○农业生产劳动	◎传统工艺制作
		○工业生产劳动	◎新技术体验与应用

续 表

所属任务群	◎服务性劳动	○现代服务业劳动	◎公益劳动与志愿服务
劳动场域	◎教室	◎校园	
	○家庭	◎社会基地	

（五）劳动工具和材料

年画创作材料、海报和展板制作等物料准备，社区活动场地预订。

（六）学生学情

五年级的学生已经在劳动和社会生活领域有了一定知识积累和能力储备，通过班级服务、校园服务，他们已经体验到自己的劳动获得他人、社会认可是一件非常有成就感的事情，有参与公益劳动、为他人服务的意愿。

（七）项目或主题背景

"有钱没钱，买画过年。"过年贴年画走过了漫长的历史，是中国人过年时的一种习俗。但传统的东西无法适应时代发展进程，就可能被摒弃，年画的发展就面临这个问题。我们作为小学生能为传承年画文化做些什么呢？

五年级的学生已经在劳动和社会生活领域有了一定知识积累和能力储备，对他们来说，通过自己的劳动获得他人、社会认可是一件非常有成就感的事情。

基于此，我们设计了用大单元教学组织学生在社区开展年画文化推广志愿服务活动，探索年味劳动实践的新路径。

（八）项目进度整体规划

本项目于寒假期间在五年级全年级统一实施。老师集体备课，共同完成了整个主题项目的实施方案。项目持续3周，共8节课时。项目进度整体规划见表2。

表2 项目进度整体规划

序号	内容	课时	预期目标
1	体验年画创作，开展前期调查	1	年画作品 收集年画文化知识
2	提出问题，拟定驱动问题，形成项目实施方案。 组建团队，拟订小组推进计划	1	实施方案 组建团队 小组计划
3	了解组织社区活动的方法，梳理活动组织涉及的基本任务	1	了解社区推广活动组织方法，完善实施方案
4	小组阶段成果展示、交流；根据阶段成果，完善推广活动方案	1	梳理成果 完善方案
5	进行社区活动的排演	1	熟悉流程，完善方案
6	组织社区、校园年画文化推广活动	2	年画文化推广活动
7	在班级、学校进行项目展示和评价	1	复盘整理、评价总结

（九）素养目标

劳动观念：在认真参与的过程中，感受劳动过程、劳动成果带来的自我价值实现的快乐，树立劳动最光荣、劳动最美丽的观念。主动为身边人提供服务，形成服务意识和社会责任感；具有主动承担力所能及的劳动的意识，初步养成热爱劳动的态度。

劳动能力：在学习年画创作的劳动过程中，了解常用的年画创作材料，认识并使用常用的年画创作劳动工具，能设计和创新年画作品；在社区文化推广这种公益劳动中，初步形成关爱他人、积极参与社区建设的劳动意识和能力。

劳动习惯与品质：在开展劳动项目学习的过程中，初步养成积极参与、统筹规划、认真劳动、合理利用材料的良好劳动习惯，形成乐于动手、团结合作、勇于创新的劳动品质。

劳动精神：通过了解年画的来历、演变、用途等年画文化，开展年画创作和社区推广活动，体验、感受年画中蕴含的中华文化的智慧和趣味，传承、推广中华优秀传统文化，追求精益求精的精神，养成积极探索、追求创新的劳动精神。

（十）关键问题

本质问题：如何根据社区居民的特点设计一场有趣又好玩的年画活动以增进他们对年画的了解？

驱动问题：如何组织一场社区年画推广活动？

子问题：

（1）社区推广活动由哪些环节组成？（形成实施计划）

（2）什么样的年画推广活动内容更受居民们欢迎？（实践中完善方案）

（3）如何利用已有的过程性成果来优化社区推广活动？（形成项目成果）

二、实施过程

（一）入项

1. 学习准备

（1）启动项目时，组织学生进行年画创作的体验活动，让学生初步感受年画文化的魅力，激发学习兴趣和热情。

（2）通过上网查资料了解年画的知识，并通过走访、调查了解小学生对于年画的了解情况。

2. 提出问题

通过交流汇报，大家能意识到：虽然春节是一个隆重的传统节日，但对于春节的一些习俗，比如年画，却慢慢被大家遗忘了。这也让学生感受到：对于年画这样优秀的民间文化，我们不但需要对它们加以保护，还需要传承和创新。所以，使用，就是至美的传承；推广，便是至好的守护。

得益于一系列师生互动，学生充分理解了项目产生的背景、需要解决的问题以及期望达成的目标，学生提出了项目最初的驱动性问题：如何让年画回归春节？

这个驱动性问题对学生来说有一定新奇性和挑战性，所以学生对于项目的实施产生了较浓厚的兴趣。

3. 组建团队

（1）分组：围绕项目驱动性问题，组织学生头脑风暴"关于年画你想知道什么？"再根据学生的交流、讨论，将学生分为三个组："年画文化组""年画创意组""推广活动组"。

（2）自由组队：学生按照兴趣、能力，自愿组队，思考组名、预期成果、所需资料工具、实施步骤、小组分工、小组公约等，并填写组队表格。

（二）方案设计

1. 头脑风暴，拟订实施方案

学生在围绕驱动问题进行项目实施方案的头脑风暴时，发现最初的驱动性问题"如何让年画回归"所涉及的任务难度较大，光凭他们的力量一时间无法完成，所以讨论后，决定将项目的驱动问题聚焦，重新设置为"如何组织一场社区年画文化推广活动？"并讨论确定了几个子问题来帮助推动项目的实施。

（1）社区推广活动由哪些环节组成？（形成实施计划）

（2）什么样的年画推广活动内容更受居民们欢迎？（实践中完善方案）

（3）如何利用已有的过程性成果来优化社区推广活动？（形成项目成果）

2. 合作探究，形成小组推进计划

教师引导学生以小组为单位解读驱动问题，拟定完成预期成果，梳理小组需要完成的任务，并进行合理分工，形成小组推进计划。

一、时间

2024年1月24日（周三）下午5：00

二、地点

（略）

三、成员

（略）

四、记录人

（略）

五、主要内容

1. 讨论了黄彦钧提供的资料，需要补充历史源流、寓意、主要内容和元素。

2. 观看了介绍年画的多个视频，找出制作视频的素材，已做好片段记录。

3. 讨论了易拉宝的制作，商讨易拉宝的结构，分配了后续任务。需要先画出初稿，然后交给广告商制作。

六、任务分工

1. 学生A负责完善资料，周四早上9：00前提交。

2. 学生B负责视频脚本和视频制作，周五中午12：00前提交初稿，周五下午讨论后，在晚上10：00之前交定稿。

3. 学生C负责其中一幅易拉宝，主要宣传年画的寓意和特点，周四中午12：00之前交稿。

（三）项目实施

本阶段，学生主要围绕驱动问题，根据项目实施方案，有序推进项目。前期所设定的各个子问题也有效地引导、助推了学生的探索。

活动一：头脑风暴，拟订社区推广活动开展计划

（围绕子问题1：社区推广活动由哪些环节组成？）

（1）邀请社工介绍社区文化推广活动案例

学生们是头一次开展社区推广活动，并无组织经验，所以，请来了组织文化推广活动经验丰富的社工担任嘉宾，为学生做分享。

为实现好的交流效果，老师事先跟社工做了详细沟通，讲解了此次邀请的目的：向学生分享成功的文化推广活动，帮助学生了解社区文化推广活动，学习内容设计经验。

（2）拟定年画文化社区推广活动的对象、内容和流程

在社工的案例和经验分享的基础上，结合以往的生活经验，学生们很快就拟定了本次年画文化推广活动的目标人群、主要内容和活动流程。

针对社区里的小学生们开展一次以"年画知识介绍"和"年画创作体验"为主要内容的社区年画文化推广活动。

（3）梳理任务，进行小组分工（见表3）。

表3　小组分工

板块	具体内容	成果展示	负责小组	材料工具
活动内容	年画知识介绍 年画知识有奖竞答	1. 年画知识海报 2. 年画知识讲解PPT 3. 年画知识讲解文稿 4. 过程性资料整理	年画文化组	电脑 小奖品
	年画创作体验	1. 年画作品 2. 创意年画作品 3. 年画教学视频 4. 过程性资料整理	年画创意组	彩笔 画纸 年画制作 材料
活动组织	1. 协商、预定场地 2. 招募参与者 3. 拟定推广活动流程 和任务分工	1. 预订场地 2. 招募参与者 3. 活动流程及分工表 4. 过程性资料整理	活动推广组	话筒 音响 投影

活动二：分组推进，形成阶段成果

（围绕子问题2：什么样的年画推广活动内容更受居民们欢迎？）

本阶段在整个项目的实施期间耗时最长，学生分小组开展实践研究并形成自己的阶段性成果。

由于各小组开展这个阶段的任务时已是寒假，所以活动主要采取课外研究的方式进行。

研究期间，虽然各个小组都已经有了明确的行动计划，但实际过程却并不一帆风顺，其主要原因有二。

其一，部分参与学生跟随父母离深，交流沟通受到影响。

其二，各小组研究内容方向不同，所以各组所需补充的学习内容也有差异。

为了更好地支持不同小组解决存在的差异化问题，我们一方面通过线上会议的形式指导项目推进；另一方面邀请家长担任导师跟进指导学生开展项目。

经过一段时间的持续性研究，各个小组在行动中不断围绕子问题，加深自己对小组任务的理解，不断完善和优化解决驱动性问题的小组方案。最终，各小组较好地完成阶段任务。

年画文化组海报如图1所示。

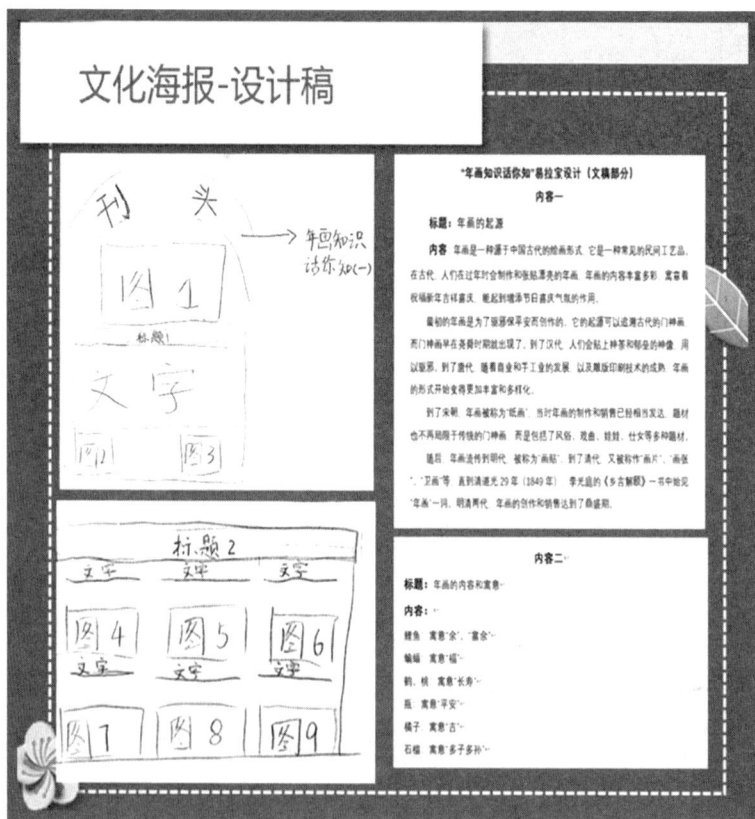

图1　年画文化组海报

活动三：结合阶段研究成果，完善推广活动方案

（围绕子问题3：如何利用已有的过程性成果来优化社区推广活动？）

为了让阶段成果更好地呈现在推广活动中，学生还需不断完善呈现形式，并跟其他组进行协商、对接（表4）。

表4　活动推进安排

板块	任务	负责人	备注
前期准备	1.年画推广活动横幅	—	2月1日前
	2.年画小知识展板	—	2月1日前
	3.年画创作体验物料	—	2月1日前

续 表

板块	任务	负责人	备注
前期准备	4. 活动参与居民招募	—	2月2日前
	5. 音响、电脑、投影设备调试	—	2月2日、3日
	6. 活动彩排	全体	2月2日19∶00 社区党群活动中心
活动开展	1. 主持人开场		
	2. 年画知识介绍、有奖问答	文化组	起源、常见寓意 年画种类、流派 礼品发放
	3. 年画创作作品欣赏	创意组	优秀作品展示 年画创作方法
	4. 年画创作体验活动	创意组	雕版∶创意组 手绘∶推广组 镂空∶文化组
	5. 合影	推广组	手拿作品拍照
活动结束	1. 收纳物品	创意组	年画材料洗净、收齐
	2. 清理场地	文化组 推广组	地面、桌面干净 桌椅复原摆整齐
	3. 总结复盘	全体	全体参与 总结经验 梳理可改进之处

活动四：开展社区推广活动

（1）进行社区活动彩排

学生第一次组织社区活动，所以提前一天组织学生进行活动的彩排，帮助学生熟悉流程，同时也就存在的问题进行解决和完善。

（2）组织社区年画推广活动

社区年画推广活动如期举行，其间，各小组分工合作，整个活动有条不紊地推进。

整个活动分为两大板块。

第一板块：年画文化（包含年画的起源、年画流派等年画文化的介绍）和年画知识有奖问答。

文化组向参与的社区居民介绍了小组的研究成果——年画起源、年画中常见内容及寓意、年画流派及代表作等年画文化知识。为增强趣味性和互动性，同学们还设计了有奖问答的互动环节，就连奖品也是学生们精心准备的年画和年画衍生作品。

第二板块：年画欣赏和年画创作体验。

创意组不仅向参与的社区居民展示了他们创作的手绘年画、AI创意年画，还将录制的手绘年画、AI年画的创作方法讲解视频进行了展示。

同时，为了增加体验感，还精心准备了木版拓印年画、镂印年画等创作方式体验活动，让社区居民们充分体验年画创作的乐趣，并将自己创作的年画带回家，装点节日气氛。

推广组从落实场地到招募参与居民，从接待参与居民到主持活动，从年画展品布置到收拾场地都进行了统筹安排和落实。

（3）复盘总结

推广活动结束后，同学们立刻进行了复盘，及时梳理、反思整个推广活动过程。在复盘过程中，很明显能感受到这场成功举办的活动让学生感到非常开心，特别是能通过自己的劳动为社区居民提供一场有趣的文化活动，让学生颇有成就感。（图2）

开展项目过程中遇到的困难	是如何解决的
不方便线下沟通	网络沟通
资料无法统一	线上开会
不知道怎么使用AI绘画	请教家长
不知年画类型	参考文化研究组资料

我们的收获	
劳动方面	体验了年画的制作过程
团队合作	统一思想、积极讨论
个人能力	加强表达能力、认真倾听
其它	

给今后的建议
(如果其他同学也想开展这个项目或者你还想开展其它项目，你会给出哪些建议呢？)

1. 设定主题问题
2. 通过主题分配任务
3. 收集每个人被分配任务结果
4. 条件需清晰有条理
   任务分工

图2 项目复盘表

由于活动效果好，同学们受社区邀请，于几天后再一次举办了一场年画文化推广活动。学生们吸取了经验和教训，在第二场活动中对互动和体验环节的组织进行了优化，这也让现场的效果有了提升。

三、大单元教学成果

成果见表5。

表5　成果

类型	成果
个人成果	1. 年画小知识宣传展板
	2. 传统年画作品
	3. AI创意年画作品
	4. 手绘年画创作方法讲解视频
	5. AI创意年画创作方法讲解视频
	6. 雕版、镂刻等年画制作方法示意图
团队成果	1. 活动入场券设计
	2. 两场社区年画文化推广活动
	3. 一场校园年画文化推广活动
	4. 社区年画文化推广活动组织方法讲解视频

1. 个人成果

学生个人制作的海报成果如图3所示。

图3　学生个人制作的海报成果

2. 团队成果

（1）两场社区年画文化推广活动。

（2）一场校园年画文化推广活动。

（3）社区年画文化推广活动组织方法讲解视频。

四、大单元教学展示与评价

在主要学习过程完成后，师生需要基于整个活动的表现，开展自评和互评。通过师生间的评价，不仅可以再次回顾、评价自身在活动中的表现，也可以让学生在评价中引发反思，得出经验，最终提升自我。

（一）展示

在展示阶段，我们组织了班级的项目汇报展示活动。各小组分别上台展示和分享，通过相关数据、照片、视频等方式表达自己对驱动性问题的理解，并向大家展示各小组在这次劳动项目式学习中的学习成果。台下的老师和同学在听取汇报后需要针对项目成果和研究过程进行提问。

纵览各组的展示与成果，不乏过程、资料完整且成果富有创意的方案，但也能通过出项发现学生在项目实施过程中存在的问题。但无论怎样的展示，对学生都能够产生正向的促进作用。通过不同的成果，学生直观地感受到真实的劳动实践和研究过程对于解决项目问题的重要性，形成良好的劳动态度和研究意识。

（二）评价

本项目主要以过程性评价与终结性评价相结合的方式评价学生在活动中的具体表现。评价以过程性评价为主、终结性评价为辅，将学生作为评价的主体，鼓励学生开展自评、互评。其中，参与互评的学生不仅有同组的伙伴，也有别组的同学。

（1）指向行为的过程性评价

为了更好地评估学生在项目中的不同行为表现，我们主要围绕学生对项目的分析、研究、实施等劳动行为开展。评价贯穿于项目实施的每个环节，这使得评价不仅成为评估学生表现的标准，也成为激励学生参与大单元学习的动力。项目过程评价见表6。

表6　项目过程评价

	项目	内容	自评	互评
项目过程评价	探究创新	能围绕主题自主收集资料	☆ ☆ ☆	☆ ☆ ☆
		能积极思考并提出问题	☆ ☆ ☆	☆ ☆ ☆
		能明确表达自己的想法并探索新的、矛盾的想法	☆ ☆ ☆	☆ ☆ ☆
	合作担当	能完成组内分配的任务	☆ ☆ ☆	☆ ☆ ☆
		能支持小组、贡献想法和意见，与小组分享疑惑、洞察和资源，并提出其他思考方式	☆ ☆ ☆	☆ ☆ ☆
		能倾听、听取他人的意见和建议	☆ ☆ ☆	☆ ☆ ☆

（2）指向问题解决的终结性评价

项目成果评价见表7。

表7　项目成果评价

	评价主体	评价内容
项目成果评价	团队成果	最佳表达 最佳分工 最佳创意
	个人成果	合作之星 设计之星 沟通之星 收纳之星

本项目中，终结性评价主要通过学生互评和教师评价相结合的方式开展。在出项阶段，各小组依次上台展示分享，借助项目成果介绍各自的研究、关于驱动性问题的解决方案，以及对于整个项目的复盘反思，还需要回答台下同学和老师提出的问题。台下的老师和同学则根据台上学生的展示与

即兴作答的表现给予评价。

五、大单元教学反思

（一）重活动体验，更重思维发展

这个大单元教学有别于传统的劳动实践，它突出了大单元教学设计的原则，因此需要我们更多地思考如何培养学生在活动项目中的问题意识，创造性、主动性和批判性等学习素养。在这种情境真实、有趣又充满挑战的大单元教学活动中，学生系统地、创造性地解决问题的思维不断被培育，探究的精神、质疑的勇气、合作的意识也不断增强，这样的学习素养必将反哺到学习和日常生活中，帮助他们成为积极的劳动者，体会到劳动的乐趣。

（二）重指导支持，更重倾听引领

我们强调师生、生生之间在观点和创意上的激荡，因为创造性不仅来自个体，也来自团队。我们鼓励每个学生都要思考，以群体的身份发表创意观点，以他人的观点为基础，加入自己的创意，让学生都有所收获。因为大单元教学主要在是寒假开展，所以在项目推进中线上沟通较多，教师的指导力度受限，更多依赖家长的指导。但家长理念没有完全跟上，为了所谓的效果好，常常会越俎代庖，介入太多。所以整个过程中，教师需要不断进行沟通指导，引导家长更大程度地放手，启发孩子思考，让孩子在不断试错纠错的过程中成长。

（三）重学习素养，更重劳动素养

在完成了整个项目后，我们发现在整个评价体系中仅侧重了针对大单元教学中学生所展示的学习行为的评价，而对劳动素养的评价关注不够，这可能会弱化学生对于大单元教学中劳动素养的关注。所以，在今后的劳动大单元教学中，我们应该设计聚焦劳动素养的评价表作为支架工具，促进学生劳动素养的提升。

六、案例评价

大单元教学案例设计和实施，首先要明白什么是大单元教学。

华东师范大学博士生导师崔允漷教授的观点是：

"大单元教学是以单元为学习单位，依据学科课程标准，聚焦学科课程核心素养，围绕某一主题或活动（大概念、大任务、大项目），对教学内容进行整体思考、设计和组织实施的教学过程。"

"大单元教学旨在促进教学内容的结构化，构建教学的整体意识，以实现'整体大于部分之和'，在提升教学效益、落实课程核心素养的同时，达成培养学生发展核心素养的目的。"

"大单元教学是大概念、大任务、大情境统领下教学活动的结构化。大单元教学着眼于'大'字，从大处着眼，进而从大处着手。大单元的结构化，不仅是知识、技能的结构化，更是教学活动的结构化、问题的结构化。这里的结构化，是基于深度学习的理念，在大概念、大任务、大情境的统领下，整个大单元教学活动的整合化、条理化、纲领化。在教学活动中，教师不再只盯着知识点、考点，而应'左顾右盼、上挂下连'，从课内课外而校内校外，视野从学习领域扩大至生活领域，真正实现陶行知先生'学习即生活'的教育观。"

"福·融"劳动课堂教学设计案例：
用艾制香，爱上中草药

一、案例设计

（一）导入

上节课，我们为福田非遗圩市义卖征集了许多产品，你想好做什么了吗？（生：香囊。师：为什么？生：因为我种了艾叶，现在长得非常好）

师：刚好在我们学校就地取材！在之前的课程学习中，我们了解了艾叶的特点和药性，在本草园一起种植、养护、观察和记录了艾叶，端午时节丰收了，现在劳动成果就在我们的手上！

艾叶除了能做香囊外，智慧的古人还用它做了很多驱蚊产品，如蚊香、艾条，这节课我们就来学做这三件艾叶手工制品。先来看制作工具和材料。

（二）工具和材料

PPT：蚊香制作工具和材料有这些，谁来猜一猜它们怎么用？原理是什么？

PPT：这是制作艾条的工具和材料，你对哪一件工具最感兴趣？

PPT：香囊的制作材料相对简单。

（三）制作流程

同学们的想象和思考很有道理，想不想知道到底是怎样做的？我们把制作的过程录制成了视频。一起来看一看和你想象的是不是一样的。播放视频

（遇到细节的地方暂停）你注意到这个细节了吗？

学会了吗？谁来梳理一下制作步骤？

图1 板书

蚊香制作：配料、制香泥、挤香和晒香。

艾条制作：配料、捣粉、卷条。

香囊制作：配料、捣粉、装袋。

（四）分组制作

原来制作小师傅就在我们身边。下面我们就该分组制作了，有哪些同学对制作蚊香感兴趣？（举手）请移步1、2组，想做艾条的去3、4组，想做香囊的去5、6组。请同学们坐到相应的操作台上。

师有三点温馨提示：组长引领，分工合作；规范操作，注意安全，把握时间，讲究卫生。时间15分钟！开始制作！（倒计时开始，播放音乐）

预设师语言：你教会了我们（实际操作中）小窍门。

原来，只有干湿正好的蚊香才能被完整又漂亮地盘好，如果在制作时太干或者太湿怎么办？（加水或者加泥）好办法。

（五）小组分享

时间到，所有小组都已经完成了，制作过程中大家团结协作，遵守了操作流程，也收获了劳动成果！下面我们请小组来分享一下你的作品吧，请下面的同学参照评分表的要求，为你心仪的作品投上赞赏票！（每个小组发一个贴，两个小组展示结束之后，每组派一个代表投票）

我们将热烈的掌声送给三个劳动小组！下节课我们也会根据评价表评出最佳劳动个人！

我采访一下这位劳动小能手，你有什么收获？

预设：我知道做香囊（蚊香）的步骤；我掌握了做香囊（蚊香）的方法和安全注意事项；我体悟到劳动的快乐与获得感；我体会到合作让劳动事半功倍；乐于动手，过程体验；自觉自愿，不怕困难；有始有终，坚持到底。

（六）传承和创造

同学们，今天我们尝试了传统手工艺的艾叶制造。如果我们大批量地生产，你们觉得需要什么？（机器）视频展示制作艾条和蚊香的机器。看完了视频，你想说什么？生：技术能够改变生活，劳动工具的变革能够推动时代的变革，但并不代表我们拥有了大型机器就丢弃传统工艺。

师小结：我们就是要在传承传统手工艺制作的基础上不断地发明和创新，利用今天所学的方法和原理创造更多更好的新型工具，未来靠这些工具来推动我们时代的进步。

（七）总结和作业

这节课，我们亲手做了艾条、蚊香和香囊，下节课，我们可以选择一项手作给予它们漂亮的包装。今后，我们要更好地养护南园小学本草园里的中草药植物，与它们共同成长。

课后每位同学领取一些艾叶种子带回家，和家人一起种植和养护，填写观察记录表，可以配上你绘制的本草图。

二、案例评价

今天的课堂，呈现的是基于"浓情端午、非遗圩市"主题开展的"英语+劳动+美术"跨学科项目式学习的重要组成部分，充分体现和实现了福田区"一切为了教育高质量发展"的课改理念。

非遗圩市是一种通过集市的形式展示和销售与非物质文化遗产相关的产品，向世界展示中国文化的魅力。在中国广东省的广州、佛山、肇庆、清远等地都做得很好，在深圳福田区南园街道打造的非遗圩市又成为一个优秀典型案例。这个项目主题结合了端午节日、传统文化、区域特征等，非常有价值！

（一）全面展示了跨学科项目式学习的结构和特点

1. 基于主题确定核心问题

如何做好浓情端午、非遗圩市？

2. 引导学生提出驱动问题

① 端午节的来历、习俗、美食、传统工艺等文化都有哪些？

② 了解了文化和习俗，结合学校中草药园的劳动场域，我们能做些什么？

③ 做好的成品，如何让它更加美观，更能体现中国的传统文化，我们要如何包装和设计？

④ 产品做好后，如何向世界展示中国的美好？如何义卖，将爱心奉献？

一系列驱动问题带动学生一系列的项目任务。

3. 头脑风暴整合相关学科

通过英语、语文、音乐学科的融入打通端午节的中国文脉，通过劳动、科学、数学学科的融合实现端午文创的作品制作，通过美术、综合实践等学科的融合，美化端午的生活与作品，让学生在跨学科学习中感受文化、感受美、感受劳动创造的幸福生活！

（二）凸显福田区"福·融"劳动教育的区本教育主张

这节劳动课更多展示的是生产劳动中传统工艺的制作部分，实际在完成这个项目的过程中，已经实践了"百草园的生产劳动、中草药美食制作的生活劳动、义卖捐赠的服务性劳动"三大内容，在做项目的同时落实了劳动课程标准的十个任务群。

1. 劳动教育融合中国传统文化

这节课通过PPT、短视频等方式使学生回忆了艾叶的种植、养护、形态、功效等，回忆了通过查阅资料了解的中国端午节的来历、习俗等内容，凸显了劳动教育的文化融合。

2. 劳动教育融合实践成果

通过猜测工具的使用、淬炼操作、方法总结等过程，在动手操作中发现问题、解决问题，进行方法与经验的总结，让每个孩子都有"事"做，凸显了实践融合。

3. 劳动教育融合科技创新

在课的尾声部分，教师展示了机器大批量生产的视频，使学生感受到技术改变生活，劳动工具的变革推动社会的变革，鼓励学生在传承传统工艺制作的基础上创新、发明与创造，凸显了科创融合。

不难看出，这节课充分诠释了福田区"福·融"劳动教育的区本教育主张，通过建设小、初、高一体化课程，做到文化融合、科创融合、学科融合、实践融合、技术融合……实现学生的身心合一、学创合一、知行合一，用劳动创造幸福美好的生活和完整的人生。

这次活动充分展示了福田区"做有深度的教研、展有价值的活动"的教研理念，通过主体化的跨学科学习，使学生深刻地领悟全学科发展的必要性，也给了学生充分探究、合作和表达的空间，为学生的全面发展奠定了素养基石。同时，为老师们的深度教研提供了思考的空间，搭建了教学设计"脚手架"，做好了榜样示范。

"福·融"劳动思政课堂教学设计案例："巧手劳动，自理生活"之我洗红领巾

一、案例设计

（一）课题

"巧手劳动，自理生活"之我洗红领巾。

（二）课型

"劳动思政"新授课。

（三）课题意义

"劳动思政"是"学科思政"的重要组成部分，是劳动教育的新思维、新价值和新实践，是通过劳动教育与德育、课程与教学的深度融合，充分挖掘劳动教育的德育元素，融通学科育人体系，聚焦中国学生发展核心素养，培养学生适应未来发展的正确价值观、必备品格和关键能力，引导学生明确人生发展方向，使其成长为德智体美劳全面发展的社会主义建设者和接班人。

（四）课标分析

劳动是创造物质财富和精神财富的过程，是人类特有的基本社会实践活动。劳动教育是发挥劳动的育人功能，对学生进行热爱劳动、热爱劳动人民

的教育活动。加强劳动教育是中国特色社会主义教育制度的重要内容，是全面发展教育体系的重要组成部分，对全面贯彻党的教育方针、落实立德树人根本任务、培养德智体美劳全面发展的社会主义建设者和接班人具有重要的意义。劳动课程是实施劳动教育的重要途径，具有鲜明的思想性、突出的社会性和显著的实践性，在劳动教育中发挥主导作用。《劳动新课标》明确提出：义务教育要发展学生的劳动核心素养，主要包括劳动观念、劳动能力、劳动习惯和品质、劳动精神。为了培养学生"懂得人人都要劳动，劳动成果来之不易的道理""完成比较简单的个人物品整理与清洗，形成'自己的事情自己做'的意识，具有初步的个人生活自理能力的要求"，再结合课程内容的任务群一清洁与卫生：用肥皂、洗衣液洗红领巾的要求，我们选择了"我洗红领巾"这一课题。

（五）学情分析

红领巾是少先队员的标志，是少先队组织的重要象征。红领巾代表红旗的一角，是革命先烈的鲜血染成的。佩戴红领巾和爱护红领巾，为它增添新的荣誉，是每一位少先队员的职责和义务。有些学生十分爱护红领巾，随时保持红领巾的干净整洁，也有些学生不太爱护红领巾，红领巾经常脏脏的、皱皱的，而且相当部分学生在家不会自己清洗红领巾，而是由家长帮忙清洗的。教育学生爱护红领巾，保持红领巾干净整洁，让他们学会自己清洗红领巾，并养成经常自觉清洗红领巾的习惯，是"劳动思政"的重要课程。

（六）学习目标

（1）爱护红领巾，树立"保持好红领巾整洁""红领巾由自己主动清洗"的劳动观念和意识。

（2）观看清洗红领巾视频和教师的分步示范，初步了解清洗红领巾的步骤、方法和路径。

（3）现场实践操作，学会清洗红领巾的步骤，掌握正确清洗红领巾的技能。

（4）有简单清洗小件衣物的自理能力，初步养成爱劳动的习惯和品质。

（5）增强对红领巾、革命先烈和伟大祖国的热爱之情。

（七）育人指向

（1）劳动观念：树立"保持好红领巾整洁""红领巾由自己主动清洗"的劳动观念。

（2）劳动能力：能按照正确的步骤，自己将红领巾清洗干净。

（3）劳动习惯和品质：养成红领巾自己清洗和讲究个人卫生的习惯与品质。

（4）劳动精神：感受劳动创造人，懂得珍惜劳动成果，初步领会"劳动是幸福之源"的价值取向。

（八）课堂准备

（1）教师准备：红领巾、照片、视频、小盆、肥皂块、洗衣液、长绳、衣夹、奖励小红花、水。

（2）学生准备：红领巾、小盆、肥皂块。

（九）过程设计

环节一：激趣导入——体会自己洗红领巾的重要性［指向学习目标（1）］

（1）教师活动

①播放"入队仪式"照片，并回顾"红领巾"的意义。

②讲解：红领巾和我们的衣服一样会脏，出示不同情境，让学生判断需不需要清洗红领巾。（需要：双手打开举高；不需要：双手交义放胸前）

情境1：A准备清洗只佩戴了半天还很干净的红领巾。（不需要）

情境2：B午餐时不小心将菜汤洒在了红领巾上，下午回家后油渍都干了。（需要）

情境3：C上体育课时不小心摔了一跤，衣服上沾了泥渍，红领巾上也是泥渍。（需要）

情境4：D很爱惜红领巾，一周过去了，红领巾还比较干净。（需要）

③ 生判断完毕后，小结：红领巾在不小心弄脏后和固定周期内都是需要清洗的。那么，大家会自己清洗红领巾吗？

④ 出示课题：洗红领巾。

（2）学生活动

① 观看"入队仪式"照片，回忆自己刚佩戴上红领巾时的激动心情。

② 根据教师出示的情境做出自己的判断。

③ 懂得当一名光荣的少先队员，保持好红领巾整洁是自己的职责。红领巾在不小心弄脏后和固定周期内都是需要清洗的。

（3）活动意图说明

通过播放"入队仪式"照片，学生回忆自己刚佩戴上红领巾时的激动心情这一环节，让学生知道当一名光荣的少先队员，保持红领巾整洁是自己的职责，并且能正确判断出自己的红领巾需不需要清洗，这是本堂"劳动思政"课的重要内容。

环节二：学习探索——讲解说明清洗红领巾的步骤与方法［指向学习目标（2）］

（1）教师活动

① 播放"清洗红领巾"动画视频。视频播放完毕后，请学生分享看懂了哪些步骤，师相机评价并奖励。

② 教师分步示范：

a.拿出一个小盆，接小半盆水，将红领巾完全浸泡湿润。

b.将红领巾捞出稍拧干，摊在一只手里，用另一只手握住肥皂（或倒少量洗衣液）均匀涂抹在红领巾上。

c.将红领巾捏在双手中用掌心对搓，搓完一部分后换另一部分，特别是领尖要多搓几次，全部搓完后挤干脏水。

d.将脏水倒掉，再接清水漂洗红领巾两至三次，直到水中没有泡沫。

e.将漂洗干净的红领巾对折后，用双手各握住红领巾一头朝反方向使劲拧干。

f.将拧干的红领巾展开，拉平，搭在绳子上（或用衣夹固定好）。

③ 总结步骤并板书：

一泡、二抹、三搓、四清、五拧、六晾。

（2）学生活动

① 认真观看"清洗红领巾"动画视频后分享看懂了哪些步骤，自由分享。（分享得好的学生为小组挣一朵小红花）

② 仔细观看老师示范，跟着做搓洗、拧干等动作。

（3）活动意图说明

通过播放视频，学生初步了解清洗红领巾的基本步骤，再由教师现场示范分步骤清洗红领巾，让学生学习清洗红领巾的步骤，并通过板书强化步骤。

环节三：动手实践——小组合作探究，实践清洗红领巾的步骤与方法〔指向学习目标（2）〕

（1）教师活动

① 相信通过刚才的视频和老师的分步骤示范，有不少同学都迫不及待地想要自己来清洗红领巾了。但是在我们的小组清洗实践开始前，老师还要出示注意事项：保持安静，组内小声交流；动作轻柔，小心操作，不将水弄洒，不打湿衣物及桌面。

② 教师巡视，并单独指导不会的学生。

③ 出示评价标准：桌面整洁，没有水渍，没有打湿自己的衣物；清洗好的红领巾上没有污渍、泡沫、滴水等现象；红领巾展平后没有褶皱；老师和学生互评，并及时反馈。选出班级清洗小明星，教师奖励。清洗小明星分享自己的心得后，小结：第一步，水不能接太多；第二步，洗衣液只倒一点点；第三步，揉搓要全面；第四步，清洗干净即可；第五步，拧水要使劲；

第六步，晾晒要展平。

（2）学生活动

① 说说你觉得哪个步骤是最难的，师预设：第三步和第五步，请学会了的学生慢动作示范。

② 分组每个成员取下自己的红领巾，按步骤清洗红领巾，边洗边复述步骤。如果有某个步骤不会的学生，请小组内会的成员帮助他。

③ 统一将洗好的红领巾拿在手中先小组内展示，按照评价标准进行组内互评。推选出组内洗得最干净的红领巾参加班级评比。

④ 清洗小明星上台分享自己的心得。

（3）活动意图说明

学生对可能出问题的步骤进行再学习后，以小组合作的方式实际操作分步骤清洗红领巾，让绝大多数学生学会清洗红领巾，再针对极个别学生，通过小组帮助及教师单独指导，让所有学生都能学会清洗红领巾。最后通过小组评比、全班评比，以榜样激励形式巩固学习成果。

环节四：归纳总结［指向学习目标（1）（2）（3）］

（1）教师活动

① 今天，我们学习了清洗红领巾，它的步骤是？生齐答：一泡、二抹、三搓、四清、五拧、六晾。

② 这节课学习了用我们勤劳的巧手帮助红领巾焕然一新。大家开心吗？是的，劳动可以创造美和舒适，我们也能够用自己的巧手创造更多的美和舒适，请大家讨论一下我们在家里还可以用今天所学的方法清洗哪些小件衣物呢？

③ 大家都很善于开动脑筋去举一反三。那么，老师期待大家从今天开始，将这种自主思考并动手劳动的好习惯保持下去，长期坚持自己清洗小件的衣物，都来争当清洁小能手！

④ 老师最后有一首儿歌送给大家：

红领巾啊天天戴，自己洗呀真勤快。

一泡二抹三搓搓，四清五拧六晾晒。

从小认真学劳动，长大以后人人爱。

（2）学生活动

① 学生讨论在家还可以用同样的方法清洗哪些小件衣物。

② 学生朗读儿歌，巩固本课学习内容。

（3）活动意图说明

让学生体会劳动后的成就感，初步建立"做自己力所能及的家务事"的意识，为学生逐步养成劳动的意识和坚持劳动的习惯打下基础。

环节五：实践拓展 ［指向学习目标（4）］

（1）教师活动

为使学生巩固和运用本课所习得的劳动技能，同时培养学生劳动拓展能力，教师引导家长督促、鼓励学生在家练习洗涤的技能，养成讲究个人卫生的意识和习惯；让学生感受劳动创造美和舒适，懂得珍惜劳动成果，培养学生在劳动中不怕脏、不怕累的精神，学习长期坚持、自觉自愿地开展各项家务劳动。

（2）学生活动

学生每天回家后，运用本课所学的清洗红领巾的步骤与方法，在家坚持自己清洗红领巾和学洗其他的小件衣物。

（3）活动意图说明

让学生能坚持完成比较简单的个人物品整理与清洗，养成讲究个人卫生的意识和习惯，培养学生长期自主开展劳动的意识。

环节六：总结提升 ［指向学习目标（5）］

（1）教师活动

介绍和强调红领巾是少先队员的标志，是少先队组织的重要象征。红领巾代表红旗的一角，是革命先烈的鲜血染成的。佩戴红领巾和爱护红领巾，为它增添新的荣誉，是每一位少先队员的职责和义务。

（2）学生活动

认真聆听老师的介绍和强调。

（3）活动意图说明

让学生增强对劳动、红领巾、革命先烈和伟大祖国的热爱之情。

（十）教学反思

（略）

二、案例评价

（一）设计立足于单元整体教学内容

新课标对本单元整体内容要求为：开展简单的清洁劳动，用扫帚扫地、用拖把拖地、用抹布擦桌椅等，用合适的洗涤用品洗碗筷等餐具，用肥皂、洗衣液等洗红领巾。坚持用科学的方法洗手，独立完成与个人卫生相关的劳动。

课程（学科）核心素养在本单元的呈现为：掌握清扫地面、洗小件衣物等简单劳动的方法，养成讲究个人卫生的意识和习惯。在清洁地面、衣物、桌椅等过程中，感受劳动的快乐，愿意参加劳动。

针对本单元进行课程资源整合、开发和应用的活动要求为：适时开展班级卫生打扫活动，要求人人有劳动任务。在劳动过程中，指导学生学习扫地、洗抹布、擦拭桌椅；劳动结束后，组织学生互相学习，交流评比，总结经验教训，习得基本的卫生打扫能力。通过"洗涤小达人""谁的小手洗得最干净"等活动，营造积极劳动、讲究卫生的班级氛围。

（二）设计出发于认真的单元学情分析

马克思主义关于劳动的基本观点是，"劳动创造了人""劳动是人类谋生的手段""劳动是人的本质"。劳动本来应该是人的生活方式，但通过观察发现大部分小学低段学生在家长无微不至的"保护"下，对劳动教育的认识不足，没有形成喜欢劳动、积极参加劳动的正确劳动观念，也不太会自主管理自己的生活事务，缺乏一定的个人生活自理能力。此外，还有部分学生不尊重劳动成果，不具备良好的劳动精神。因此，本单元设计"巧手劳动，自理生活"的主题，在小学低段开展单元劳动教育，具有鲜明的实践性和一定的自主性及探究性，通过榜样引领、任务驱动、同伴互助等策略和手段，努力引导学生树立正确的劳动观念，形成一定的劳动技能。通过本单元的学习，学生会在自己成长的关键时刻，自主管理自己的生活事务，养成良好的劳动习惯和不怕脏、不怕累的劳动精神，具有很强的"劳动思政"价值。

（三）设计着眼于单元整体学习目标

通过本单元的学习，学生应该达到如下基于核心素养的进阶目标。

（1）懂得人人都要劳动、劳动成果来之不易的道理。初步感知劳动的艰辛与乐趣，学会尊重他人的劳动付出。喜欢劳动，具有主动劳动、积极参加劳动的愿望。

（2）完成比较简单的个人物品整理与清洗，居室、教室等卫生保洁、整理与收纳，形成"自己的事情自己做"的意识，具有初步的个人生活自理能力。

（3）参与班级集体劳动，主动维护教室内外环境卫生，初步形成以自己的劳动服务他人的意识。

（4）在劳动过程中遵守纪律，不怕脏、不怕累，具有初步的劳动安全意识，初步养成有始有终、认真劳动的习惯。

（5）增强对劳动、红领巾、革命先烈和伟大祖国的热爱之情。

（四）设计指向于学生的劳动核心素养

对于本单元的学习，可以通过劳动核心素养的维度设计达成任务的评价指标，并且运用逆向设计、围绕单元目标确定具有指导性评价的任务。

（1）劳动观念：通过情境故事，引导学生初步体会"巧手劳动，自理生活"对日常生活的重要性，让学生能在力所能及的劳动实践中，初步形成喜欢劳动、积极参与劳动的态度。

（2）劳动能力：通过观摩和讲解，学生知道"巧手劳动，自理生活"的步骤和方法，学生能从模仿至逐步掌握"巧手劳动，自理生活"的知识和技能，逐步形成个人的生活自理能力。

（3）劳动习惯和品质：学生综合运用所学知识，逐步养成劳动的意识和坚持劳动的习惯，并能够在劳动过程中遵守劳动纪律和安全规范，培养学生有始有终的劳动品质。

（4）劳动精神：引导家长督促、鼓励学生在家练习"巧手劳动，自理生活"的技能，感受劳动的甜美，懂得珍惜劳动成果，培养学生在劳动中不怕脏、不怕累的精神。

（五）设计发散于若干小单元的教学实施

以"巧手劳动，自理生活"为主题的单元整体教学实施，按照"突出重点，分散难点，驶向课标"的原则，整体把握单元中的每一课时。单元的六节课既围绕话题展开又相对独立成篇，构成一个有机的单元整体。以巧手劳动为核心线索，以新授课为主要形式，设计"我洗红领巾、我洗碗筷、我穿衣服、我系鞋带、我理课桌、我洗水果、我洗青菜、我削苹果"等小单元，引导学生自己的事情自己做，形成正确的劳动观。

（六）设计提升于"劳动思政"教育

在"我洗红领巾"这一个小单元，重点介绍和强调红领巾是少先队员的标志，是少先队组织的重要象征。红领巾代表红旗的一角，是革命先烈的鲜血染成的。佩戴红领巾和爱护红领巾，为它增添新的荣誉，是每一位少先队员的职责和义务，从而增强了学生对劳动、红领巾、革命先烈和伟大祖国的热爱之情！

"一校一劳动实践特色"建设案例

劳动教育是国民教育体系的重要内容，也是学生成长的重要途径。如何让劳动教育课程变得生动又有趣？如何让劳动教育向更高层次的素养提升方面迈进？福田区各中小学校因地制宜，在校内开展各式各样的劳动教育实践活动，探索开设多元劳动校本课程，发挥劳动在树德、增智、强体、育美方面的综合育人价值，形成"一校一劳动实践特色"。

一、挖掘空间潜力，盘活场地资源

拓展劳动基地是深化劳动教育的重要途径，福田区不少学校打造"一校一特色"，将教学楼楼顶建成空中农场，让学生参与从播种到丰收采摘等劳动中，打造"多元劳动教育课堂"。

福田区第二实验学校充分挖掘空间潜力，利用教学楼楼顶盘活场地资源，在东校区和西校区分别打造"格物园""耘梦园"等劳动实践教育基地。据了解，西校区"耘梦园"占地面积达1500平方米，设置了种植区、净水区、粮蔬区、果香园、地理园等多样功能分区，通过引导学生在实际劳作活动中观察和实践，让学生对农业种植有更深刻的体验和理解。

在荔园小学（荔园教育集团）通新岭校区，劳动教育活动同样开展得热火朝天。该校区组织了"春光烂漫季，植此青绿时"劳动教育实践活动，通过调查访问、查阅资料、亲身实践等方式，学生可以了解蔬菜水果种植的相关知识。在教师的引导下，学生在综合实践活动基地内分小组种植蔬菜，清杂、翻土、施肥，学生们手拿工具，挥锹铲土，干劲十足。之后学生们以观察记录、摄影、绘画等方式，关注蔬菜的生长与收获，将收获所得以农产品跳蚤市场、美食制作及敬老院送爱心等方式，灵活处理。

福田区东海实验小学（竹园）突破办学空间限制，打造占地700平方米的天台生态农场，开展"劳动+"跨学科学习，与节日庆典、时令农耕智慧相融，实现劳动教育的全面渗透，设立劳动周，开展"劳艺、劳意、劳毅"主题活动；成立诗意本草社团，将劳动与中医药文化巧妙结合，促进学生对中华优秀传统文化的自觉传承和生态环境保护意识的养成。

荔园外国语小学（天骄）秉持"自然生长"的教育理念，结合自然环境与学校教育，因地制宜拓展劳动基地建设。学校充分利用顶楼天台，将其打造成一个面积约500平方米的种植空间，这个种植基地不仅是学生学习和实践的场所，更是他们亲身体验自然、亲近生命的课堂。学生们亲手翻土、播种、施肥、浇水和收获，每一步都充满了期待与惊喜。学校逐步开展智慧农业课程，通过动手实操简易智慧农业设备，学生们了解科技进步在农业领域的各种应用，拓宽学生们对现代农业的认识，感受农业科技的魅力，体会中国农业科技的强大。

益田小学利用学校教学楼天台开辟建造"开心农场"作为实践课程的活动基地，并引进了从事科技农业研究多年的专业老师进行授课。课程开展一年多来，学生围绕玉米和西红柿，学习播种、培育、移苗、施肥、除虫等相关理论知识，并亲手去实践整个农作物的种植生产过程。对种子出芽的期待，因种苗苗壮成长的欣喜，看到作物被虫害的焦急，解决困难之后的释然和满足，大获丰收、享受成果时的喜悦与自豪感……同学们学习和实践的过程，浓缩成了一篇篇精彩的习作和小报、一个个忙碌的背影、一张张无邪的笑脸。

为全面贯彻党的教育方针，践行"五育"并举办学指导思想，拓宽实践育人的渠道，持续推进素质教育的实施，香港中文大学（深圳）附属彩田学校因地制宜，开辟以班级为单位的劳动种植基地，将劳动教育从课堂延伸至真实劳作体验。其中，二（4）班就是一个典型代表。该班的"快乐种植，收获幸福"开心农场实践活动，寓教于劳，育才于勤。班级成立种植小组，开展轮值打卡，每周开展一次集体种植。劳动老师带领学生，通过松土、播种、施肥、浇水、除草、采摘等劳动实践，学生亲历情境，体验"种、养、收、品"的劳动全过程。跃然纸上的劳动话题美文、沉浸式的劳动测量，用英文讲述的劳动种植故事、惟妙惟肖的劳动类画作，把劳动元素和各学科有机结合。班级菜园里一整年都能看到老师和孩子们忙碌的身影。"蔬"香四溢的开心农场，是孩子们的乐园。他们的爽朗笑声和灿烂笑容，是对"劳动最光荣"的最美诠释。该校的劳动种植基地里，孩子们留下了深深浅浅的脚印，也播种了大大的梦想。相信这片土地必将唤起学生对天地自然的热爱，培养学生具有天地大美之人格。

福田区实验教育集团翰林实验学校遵照"向生活求教，为未来育人"的办学思路，对校园农场进行升级改造，为学生创建劳动教育实践基地，并依托该校"创感教育"特色课程体系，努力构建学校特色劳动教育课程体系，引导学生"以劳树德、以劳增智、以劳强体、以劳育美"，逐步实现"培养走向世界的、完整而有创造力的现代人"的育人目标。学校还成为深圳大学都市农业研究所首个"学校实践基地"，未来，学校将在学生劳动基地投入更多的资源，借助研究所科研力量的支持，不断创新，引进新技术和新理念，构建"以劳树德、以劳增智、以劳强体、以劳育美"的育人体系，为学生的成长与发展赋能。

二、扎根优秀传统文化，打造多元劳动教育课堂

中华民族自古以来就推崇"劳动最光荣"，优秀传统文化中的"勤劳"精神，也是中华民族宝贵的精神财富。除了常规的劳动课程外，福田各校还

把劳动教育和传统文化、节日活动有机结合，构建一套扎根优秀传统文化的劳动教育课程体系，结合学校特色，构建融合弘扬优秀传统文化的劳动基地，营造弘扬优秀传统文化、大力开展劳动教育的舆论氛围，为学生提供正确的价值引领。

"食育四季，味在福民"，福民小学将劳动教育和传统文化融合，打造节气食育课程，引领孩子们探究中国传统节气的民俗文化（开发二十四节气小古文、读写绘、游戏、科学小实验等）、制作节气美食（探究古代节气美食、不同地域美食制作方法、节气美食与健康等），在综合性学习与劳动技能培养中让孩子们各学科素养都得到了发展和展示。通过食育课程的习得，学生"四感"迸发，更加感动于中国传统文化的博大精深；感叹祖先节气食令的精准定位；感激家校融合、空中课堂劳动课程的深刻体验；感恩在一堂堂食育课程的体验中，对文化和健康的领悟与思考。

梅山小学将非遗文化与劳动教育融合，不仅培养了学生的劳动观念和技能，还培养了他们对传承中华优秀传统文化的兴趣。学校开设的竹编非遗研学课程，让学生能够自己动手制作竹编作品，体验竹编的工艺过程和技巧。通过这种方式，学生深入了解竹编的文化背景、历史渊源以及与生活的关系。如今，竹编已成为众多梅山学子的"新宠"。

除了竹编，在梅山小学，学校还创新将二十四节气融入劳动课程当中。各年级根据学生年龄特点，结合节气和当季食材确定主题活动项目，例如夏至和清明，组织学生开展包粽子和做青团活动，学生通过制作美食实践劳动，体验劳动的快乐，对节气传统文化产生浓厚兴趣。在授课老师的指导下，学生们将节气相关主题活动项目分解成若干小课题，并形成课题研究小组进行专题研究和评比工作，取得了诸多良好成效。

福田区荔园外国语小学（天骄）特别设计了"竹润匠心"课程，针对不同学段的学生提供有层次、有针对性的竹编主题系列课程。从采竹、破竹到裁剪、浸泡，再到制作竹编劳动工具等，这种全过程参与的学习方式使学生能够深入了解竹编工艺的制作流程和技术要点，同时也锻炼了他们的动手能力和解决问题的能力。此外，该校还开设了非遗茶礼课程，传授千百年来形成的种茶、制茶、品茶的文化习俗，让学生从小受到茶文化的熏陶感染，做中华文明的传承人。

三、生活即教育让劳动教育贯穿育人全过程

激发兴趣是培养幼儿劳动习惯的前提。2021年，教育部颁布的《幼儿园入学准备教育指导要点》中指出，幼儿园要把"参与劳动"作为生活准备方面的发展目标。在福田，越来越多的幼儿园将自然教育、趣味体育、安全教育、收纳、内务整理等内容，用趣味劳动的方式融入日常幼儿教育中，让劳动教育贯穿育人全过程，成效显著。

什么是劳动？谁是劳动者？在美莲小学附属幼儿园，孩子们有自己的答案。幼儿园充分尊重和发挥孩子们的主人翁意识，将劳动教育与儿童议事、儿童参与结合，每一个孩子都有机会参与到幼儿园环境的维护、美化、改造中，每一个孩子都是无价的建设者。

在种植园，孩子们化身农业专家，播种、浇水、施肥、除草……打造出一片片绿意盎然的菜地；在景观池，孩子们化身艺术家，用五彩的画笔在生锈的水车上画出斑斓绚丽的花朵；在戏水区，孩子们化身清洁工，细细刷去鹅卵石上的青苔，让游戏区更清洁卫生……在美莲小学附属幼儿园，处处凝结着孩子们的劳动智慧，他们用小小的双手、大大的智慧，把幼儿园建设得更加美丽、童趣。

福田区第二幼儿园香蜜湖分园以幼儿生活为基点，以一日生活各环节为时间线，把劳动与生活、劳动与教育、劳动与课程充分打通。小班着重从劳动态度、劳动技能、劳动习惯三方面进行自理性劳动培养，如通过值日生，给予幼儿扫地、擦桌子等完成力所能及的劳动机会；在生活区活动中，幼儿们学会简单的剥蒜、择菜、煮煎等劳动操作，学会基本的生活技能。除了在

一日生活各环节让幼儿充分自主劳动实践之外，该幼儿园还结合实际，积极为孩子们创造劳动机会，如中大班孩子把床上用品自己装袋并离园，让孩子在潜移默化中学会技能，养成良好的劳动习惯。

参与劳动有助于培养幼儿良好的劳动习惯，提高幼儿的自理能力和动手能力，增强自信心，培养初步的责任感，为上小学做好生活准备。"劳动月"是梅丽小学附属幼儿园的课程实施途径之一，"小农场"为幼儿提供了亲近自然、体验农耕生活的场地，孩子们在这里平整土地、播种、浇水、除草、装扮花园、收获成果……在"汗滴禾下土"的过程中观察植物的生长过程，体验"粒粒皆辛苦"的意义。

红岭中学（集团）石厦部附属幼儿园开展"劳动教育助成长"主题活动。小班幼儿以自我服务为主，学习自身基本生活需要的各种能力，如衣服叠叠乐、收拾玩具、帮忙擦桌子等，让幼儿自由、自主参与劳动。中班幼儿变成小小环保卫士，联合社区垃圾分类宣教活动和实践拾垃圾，"小小环保卫士"不放过任何一个角落，将塑料袋、废纸、烟头以及各类废弃物品收集到垃圾袋中，最后集中处理，用实际行动保护绿色家园。大班老师和孩子们一起对班级、户外场地等地方进行大扫除活动，用身体力行的方式感受劳动。

总之，福田区学校在学生心中播下热爱劳动的种子，以劳树德、以劳增智、以劳强体、以劳育美，德智体美劳全面发展的教育理念也在福田区学校不断落地生根！

附 录

劳动展示课的三重境界

——以"'缝'好人生的第一粒扣子"为例

习近平总书记指出："各类课程要与思想政治理论课同向同行，形成协同效应。"在劳动展示课活动中，推进"劳动思政"建设，是贯彻总书记指示精神、落实立德树人根本任务、形成"劳动课程育人"协同效应的重要载体。

2024年5月，在"现代与经典全国中小学科学与劳动教学观摩研讨会"上，我以"劳动展示课的三重境界"为思想主题，为来自全国的1000多名劳动教师带来一堂"缝扣子"的劳动展示课，充分体现了"劳动课程承载思政"和"思政寓于劳动课程"的理念，寓价值观引导于知识传授和能力培养之中，帮助学生塑造正确的世界观、人生观和价值观！

第一境界："谁言寸草心，报得三春晖。"

我的劳动展示课，在唤醒学生的感恩之情

这堂课是我遵循"课堂是教研员生命成长的重要场域"的思想，为弘扬"福·融"劳动教育的区本主张而上的一堂劳动教育展示课。

课题取自《义务教育劳动课程标准（2022年版）》生产劳动中传统工艺任务群。

劳动创造了人，而懂得感恩，则是为人最好的品质。我以千百年来广为传诵的、歌颂母爱天花板的诗歌"慈母手中线，游子身上衣。临行密密缝，意恐迟迟归"导入课堂，组织学生认识针线，亲历穿针、打起始结、缝制、打终止结等实践环节，并介绍扣子的发展历史、功能，展示扣子的各种款式，为"缝扣子"这堂课赋予了浓浓的感恩之情和文化气息。

第二境界："春种一粒粟，秋收万颗子。"

我的劳动展示课，在发展学生的幸福之能

劳动教育，就是要让学生拥有幸福生活的能力。我在教学中用小视频进行示范讲解，将缝扣子的技能与细节充分展示，学生在操作淬炼中发现打结的原理、缝制的原理，自主发现问题和解决问题，感悟缝扣子这个技能能解决生活问题、劳动能创造幸福完整的生活。

当学生掌握了缝扣子的技能后，我又引导学生发现新问题："掉了一两粒扣子可以手缝，如果身边没有针线怎么办？如果大批量衣服缝扣子怎么办？"于是，学生通过头脑风暴，根据缝扣子的原理想到做"便捷缝扣子神器"，想到用缝扣子机器大规模缝制扣子。我接着因势利导，给同学们播放了现在已经发明的缝扣子神器和缝扣子机器等，学生们感叹：技术的改变促进生活方式的改变，劳动工具的变革是推动社会发展的重要力量。

我还在教学中充分融入中国传统文化教育、生命生存教育和科技创新创造教育，追求和实现学生身心合一、学创合一、知行合一，推动劳动教育成为一种授人生活技能、播种幸福的教育。

第三境界："行到水穷处，坐看云起时。"

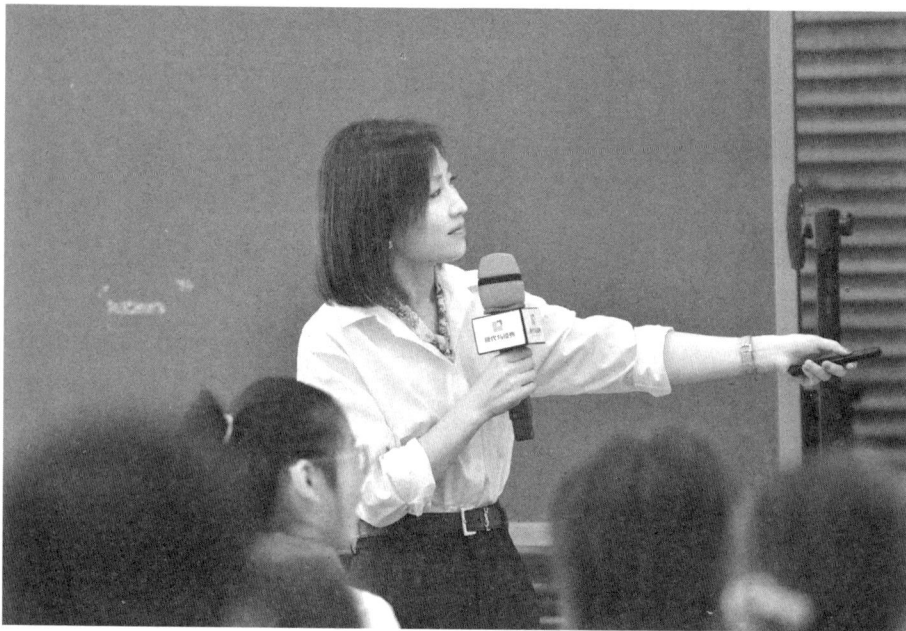

我的劳动展示课，在点燃学生的信仰之光

课堂尾声阶段，我将"'缝'好人生的第一粒扣子"和习近平总书记教导我们的"扣好人生的第一粒扣子"相关联，要求学生结合今天缝扣子的经历和感受，说说你是怎么理解总书记的殷切希望的？同学们纷纷发表感言：学习就像我们缝扣子一样，一针一脚，需要踏踏实实地努力；做人就像扣扣子一样，第一粒扣子错位了，剩余的扣子就都会错位。所以我们一开始就要对是非有正确的判断，树立正确的人生观和价值观，从小努力学习科学文化技术，立志成为国家的栋梁之材，为祖国的发展贡献一分力量。

人生，总会有一些莫名的感动。就这样，一节生动的劳动展示课，我将劳动与思政以及文化、科技、生存等教育进行了有机的融合，为实现"劳动课程育人"、形成劳动教育新样态做出了积极和有益的探索，感动了与会专家和同人，也得到了他们的一致好评。

教育部义务教育劳动课程标准组组长顾建军教授在研讨会上高度赞扬了我"教研员上课示范"的行动，并指出"劳动教育不仅是一门课，而且是对教育文化的一次重塑"。

在劳动展示课活动中，推进"劳动思政"建设，是深圳市福田区提高劳动教育政治站位的一个缩影。《学校品牌管理》《南方教育时报》等报纸杂志多次报道了福田区劳动教育所展示的教育理想和行动并被推送到学习强国；《人民教育》官微也以"开发'福·融'劳动教育课程，推动劳动教育特色化开展"为题，推介了福田区劳动教育的经验和做法，在全国产生了较大的影响。

参考文献

［1］中华人民共和国教育部.义务教育劳动课程标准（2022年版）［S］.北京：北京师范大学出版社，2022.

［2］吉姆·柯林斯.从优秀到卓越：珍藏版［M］.俞利军，译.北京：中信出版社，2009.

［3］曾天山，顾建军.劳动教育论［M］.北京：教育科学出版社，2020.

［4］田鹏颖.劳动教育概论［M］.北京：中国工人出版社，2022.

［5］姜朝晖，金紫薇.教育赋能新质生产力：理论逻辑与实践路径［J］.重庆高教研究，2024（1）：108–117.

后　记

感恩岁月，感恩有你

我整理完书稿，犹如站在这里，用"以文会友"的方式向大家述职。

此时此刻，我心中充满了感慨与感恩。

感恩岁月，感恩有你！

一、以梅言志　疏影暗香

我是深圳市福田区教科院的一名劳动教研员，因自幼喜欢梅花，常称自己为梅花使者。

长大后，受北宋诗人林逋《山园小梅》中"疏影横斜水清浅，暗香浮动月黄昏"的影响，喜欢梅花稀疏的影子，同时，保持着梅花的坚韧毅力、生生不息的品质和高贵典雅、高洁谦虚的品位，被师生们尊称为"疏影教研员"。

二、力学笃行　履践致远

少年时期，我以初中第一名的成绩，选择成为一名中等师范学校的学生，后因学习成绩优秀被保送上大学。

读书时我得到过别人的帮助，所以，当我有能力的时候，第一个想到的就是资助家乡的学生。

让爱传递，向光而行！

三、初出茅庐　崭露头角

在深圳市宝安区工作的第三年，经过层层选拔，我获得了广东省说课比赛一等奖第一名的成绩。

感恩团队对我的指导和帮助！

四、扎根课堂　躬耕教学

2008年，我很荣幸被时任荔园小学校长的邹丽萍看中，从此扎根福田。2016年之后，两次获得深圳市课堂教学比赛一等奖，并在全国名师同上一节课中与吴正宪老师同台献课。在多次上展示课后，我对自己又有了新的要求，我要把每一节课都上成公开课，扎根课堂，躬耕教学。同时，我每天记录学生的作业情况，分析其中的问题并给予及时辅导，做到堂堂清、天天清，关注每一位学生。工作以来，这样的记录大约有9万次。功夫不负有心人，我所带的班级参加全区统考时数学获得全区第一，那年我兼职代课的科学也获得全区第一的好成绩。

五、学科引领　中坚力量

2020年，我被调入福田区教科院附属小学，任办公室主任兼课程中心主任。作为办公室主任，我统筹安排行事历、周计划，会务安排、公众号的审核、策划国家级大型活动、参观接待等，我努力做到沟通协调、平衡守正。作为课程中心主任，我筹划管理30多门多元课，从课程设置、选课、师生考评等方面进行教学管理，为学校获得"改革示范校"等荣誉贡献了我的一分力量。由于人员变化我又兼任了教研主任，引领教师集体教研，团队合作。加班加点是我的工作常态，有一次太晚了，我干脆就住到了办公室。那一年，学校各学科比赛均获得了全区一等奖。收获的背后是艰辛和汗水，而我的团队累并快乐着。与此同时，我多次榜样示范：在深圳市"名师优课"活动中进行教学展示，在教育部教研共同体活动中上了六节展示课。2021年，我被评为福田区年度教师、深圳市骨干教师，并在福田区第37个教师节大会上代表优秀教师发言。

六、开辟创新　步履不停

2022年，我被借调到教科院，现担任劳动学科教研员，做区域课程的顶层设计，倡导并推动"福·融"劳动课程的实施，得到了深圳市教科院的认可，并被推送到学习强国平台，也得到了教育部义务教育劳动课程标准组组长顾建军教授的肯定和赞扬，还得到了中国教育科学研究院劳动与社会实践教育研究所所长王晓燕研究员、中国劳动关系学院院长李珂教授等专家的指导和鼓励。福田区劳动教研的经验，被中小学劳动教育年会邀请做经验分享。

其间，我还有多篇论文在国家级、省级刊物上发表，成为省级、市级规划课题的主持人。

一路走来，感恩福田教育培养了我，感恩大家一直以来对我的关心与厚爱！

作为一名劳动教研员，今后，我将继续发扬梅花的品质和品位，深耕"福·融"劳动教育，努力为福田教育高质量发展贡献自己的青春和热血。

感恩岁月，感恩有你！

洪　柳

2024年1月